也许微乎其微，
但我们正在改变世界！

STEP INTO HIGH INCOME

Labor Divison, Social Differentiation, and China's Modernization

迈向高收入

分工、分化与中国的现代化转型

宣晓伟 / 著

图书在版编目（CIP）数据

迈向高收入：分工、分化与中国的现代化转型 / 宣晓伟著.
北京：中国发展出版社，2016. 7

ISBN 978-7-5177-0495-9

Ⅰ. ①迈… Ⅱ. ①宣… Ⅲ. ①现代化建设—研究—中国 Ⅳ. ①D61

中国版本图书馆CIP数据核字（2016）第074930号

书　　　名：迈向高收入：分工、分化与中国的现代化转型
著作责任者：宣晓伟
出 版 发 行：中国发展出版社
（北京市西城区百万庄大街16号8层 100037）
标 准 书 号：ISBN 978-7-5177-0495-9
经　销　者：各地新华书店
印　刷　者：三河市东方印刷有限公司
开　　　本：880mm × 1230mm 1/32
印　　　张：8.25
字　　　数：164千字
版　　　次：2016 年 7 月第 1 版
印　　　次：2016 年 7 月第 1 次印刷
定　　　价：45.00元

联 系 电 话：（010）68990646 68990692
购 书 热 线：（010）68990682 68990686
网 络 订 购：http：//zgfzcbs.tmall.com
网 购 电 话：（010）68990639 88333349
本 社 网 址：http：//www.develpress.com.cn
电 子 邮 件：cheerfulreading@sina.com

谨以此书献给我的外婆

——毛秋月女士（1917—2009）

目录
CONTENTS

导言
INTRODUCTION

一、缘起：陷阱和高墙

2010年笔者参加了一项关于“**中国是否会落入中等收入陷阱**”的研究，该项研究是由中央领导交办，国务院发展研究中心承担的。开展研究的背景是当时中国的人均收入已经达到世行标准的上中等收入国家的行列[1]。而一种流行的说法是当一个国家进入中等收入阶段后，就有可能落入“中等收入陷阱”之中，难以再继续上升到高收入水平。中国是否也会落入中等收入陷阱，在社会上引起了广泛的关注。

经常用来描述“中等收入陷阱”现象的是拉美

---

[1] 2010年中国的人均国民收入（GNI per capita）达到4270美元（当年价美元，来源：世界发展指标2012），中国迈入了世行所设定的上中等收入国家行列。世界银行从1987年开始，按收入高低把各国分为低收入、下中等收入、上中等收入和高收入四类。2010年世行的上中等收入国家标准为人均国民收入在3976～12275美元区间内，参见http://siteresources.worldbank.org/DATASTATISTICS/Resources/OGHIST.xls。

等国家的情景，它们大都有过快速增长、又长期处于停滞的经历。例如阿根廷的人均收入从20世纪50年代初的5000元左右一路上升到70年代初的8000元左右，然而从1974年到1996年，其人均收入起起落落、跌跌撞撞，在长达20多年时间内一直处于6000～8000元的区间之中。类似的情况有巴西的1980～1995年（5195元）、墨西哥的1981～1998年（6717元）和智利1971～1988年（5597元）[1]。

世界银行2007年的一份报告中分析了“中等收入陷阱”的现象。报告认为，一国从中等收入向高收入迈进的发展机制与实现起飞的机制有着根本的区别，进入高收入所需要的制度、战略和政策更复杂、更具挑战性。因此，虽然不少国家能够打破最初的贫困陷阱、实现起飞并非常迅速地达到中等收入阶段，但只有很少的国家能够跨越这个阶段，而是常常落入“中等收入陷阱”之中（Gill and Kharas，2007）。

国务院发展研究中心的报告明确区分了两种不

[1] 数据参见Maddison (2010)：《Historical Statistics of the World Economy：1-2008 AD》，单位“元”为1990年国际元（1990 Int. GK$），文后未加其他说明，“元”均指1990年国际元。根据数据推算，中国2010年的人均GDP为8127国际元。

同经济增长速度回落情景，前者是一国的工业化没有正常持续进行的状态，人均收入在4000～7000国际元（报告称之为“陷阱”）；后者是工业化高速发展阶段基本结束、后发优势基本释放的状态，人均收入为11000国际元左右（报告称之为“高墙”）（刘世锦等，2011）。

报告指出，拉美等地区的国家之所以会落入中等收入陷阱，根本原因是其工业化基本架构存在重大缺陷，导致后发优势未能充分发挥、工业化和高速增长过程难以持续进行。报告认为中国不会落入拉美国家类型的“中等收入陷阱”，对中国构成“真实挑战”的是其工业化高速发展阶段基本结束、后发优势基本释放后，能否成功地实现转型升级，像德、日、韩等国一样跨越**“高收入之墙”**[1]。

报告还根据德、日、韩等发达经济体的经验，预测在2015**年**前后中国经济的潜在增长率会下一个台

[1] Fatás和Mihov（2009）提出了“高收入之墙”的概念，指人均GDP 8000～13000美元（2007年汇率法）的收入门槛。他们指出，凡是人均GDP超过13000美元的国家，其制度质量指数（世界银行2005年发布）的得分都比较高（沙特除外），而绝大部分人均GDP低于8000美元的国家，制度质量指数的水平都较低。因此，一国要跨越高收入之墙，必须在政治稳定、政府效率、法制建设、腐败状况与管制质量等制度建设上取得良好的表现。

阶，实际GDP增速将从“十二五”（2011～2015年）时期的年均9.7%下降到“十三五”（2016～2020年）时期的6.5%。考虑2010年中国经济增速高达10.6%，而且在2001～2010年这十年间也基本上一直保持着两位数的高增速。研究在当时就提出中国未来经济增长速度会下滑，并预判了下降的时点和幅度。在事后看来，这些预判有着惊人的准确性。有鉴于此，此项研究成果获得了“孙冶方经济学奖”和“中国发展研究奖特等奖”等殊荣。

当然，任何研究有独到成功之处，也不可避免地存在不足。对于此项研究而言，较多的质疑集中在：一是依据的国际经验仅限日、德、韩等几个经济体，样本数量太少，使得总结出的“挤压式增长”和“经济增速下台阶”等“**典型化事实**”其实并没有那样“典型”，有限的样本也难以支撑起严格的计量检验。二是预测只根据国际经验作简单的类比外推，考虑到不同国家在各自经济增速下滑时所处时代不同，国际环境、资源禀赋和技术条件等都存在很大的差异，简单类比的方法不免有“刻舟求剑”的嫌疑，存在不小的主观性和偶然性。因此，相对于较为粗疏的理论框架和预测方法而言，此项研究的问题不在于预测结果的准确度太低，而是太高，如此高的准确度可能更多地要归因于运气和巧合，而不仅是理论的合理性和方法的有效性。

尽管如此，研究敏锐地观察到德、日、韩等经济体在高速增长阶段结束时的一致性，其人均收入水平分别在德国10440元（1969年）、日本11145元（1974年）和韩国10974元（1994年）（刘世锦等，2011：10），且均处于工业比重达到峰值后逐渐下降、城市化步伐放缓的局面。如上所述，不同国家的发展情况千差万别，其工业化和城市化发生阶段转换、经济增速明显下降的时间也存在不小的跨度，但为什么会有如此一致的人均收入水平呢？这也许不完全是巧合所能解释的，应需要得到更深入的探究。

更为重要的是，如果中国确实遵循的是德国、日本、韩国、中国台湾等经济体类似的发展路径，那么目前中国的战略、体制和政策与当年的德日韩台等经济体又存在哪些相同和不同之处？中国是否也能像这些经济体一样顺利地完成经济增速下台阶的过程、实现转型升级而跨越高收入之墙呢？报告并未给出明确的回答。事实上，随着近年来中国经济增速的逐步下滑，对于中国是否会落入中等收入陷阱的讨论仍然不绝于耳，可谓“树欲静而风不止”。因此，无论是冠以“陷阱”还是“高墙”的名称，中国未来经济社会的发展是否可持续，仍然是亟待进一步探索的重大问题。

二、增长、分工与交易费用

带着“中国能否顺利迈向高收入国家”的疑问，笔者开始对经济学中的增长理论进行一些涉猎。当时主流的看法认为中国要跨越中等收入陷阱，关键在于发展方式的转变。从增长理论的角度来看，则意味着**“中国经济增长的动力应该更多由要素数量投入的增加转向要素使用效率（全要素生产率）的提高”**，在内生增长理论中技术进步是提高全要素生产率的关键，因此如何推动创新、提升技术水平被认为中国经济发展方式（或增长方式）转变的重中之重，这也是当前社会的普遍观点[1]。

然而通过仔细对比可以发现，中国过去三十多年全要素生产率的提高速度，与其他国家相比并不低。有研究指出，日韩等亚洲经济体高速增长时期的年均经济增速大约在7%～8%，其中要素生产率提高的贡献在一半左右（即年均增速3.5%左右），其他则来源于要素投入的增加；而中国过去三十多年的经济增长速度之所以能达到两位数，不是在要素生产率提高上有什么根本不同（中国要素生产率的年均增速也在3.5%左右），而是要素投入和人均资本的积累比其他经济体增加得更多、更快[2]。

与此同时，**"要素投入增加"**和**"要素生产率提高"**之间也并不完全是非此即彼、互相替代的关系，它们在很多情况下是密不可分的。例如一个新机器设备的引入，既带来了投资的增加，也导致技术水平的提升。尽管在理论上可以明确区分"要素投入的增加"和"要素生产率的提高"，但在现实中两者往往

---

❶ 具体的讨论参见本书第一章。

❷ 参见乔纳森·安德森（2006）：《走出神话：中国不会改变世界的七个理由》，第152～165页，中信出版社2006年版；刘世锦等（2014）："我国未来生产率提升潜力与经济增长前景"，国务院发展研究中心调查研究报告，第173号（总第4670号）。

一起产生作用，甚至只是同一过程的不同侧面。如上所述，中国在过去三十多年经济高速增长的过程中，要素生产率提高的速度与其他国家相比并不逊色，将中国过去的增长模式完全解释为只是依靠要素投入增加的粗放式增长，并不符合事实。

更关键的是，虽然将中国能否进入高收入归结为能否实现发展方式（增长方式）的转变，或更为准确地解释为能否实现全要素生产率的持续提高，从而提出推动创新和转型的战略和措施，这样的政策思路并没有错。但是，又是哪些因素影响着一个国家全要素生产率的提高，妨碍其创新和转型而不能进入高收入行列？那些顺利迈进高收入的国家又做对了什么，能够保证其全要素生产率的不断提高呢？这些仍然是有待继续探究的问题。

就这样，笔者开始逐渐注意到**分工理论**对于经济增长的解释。在新古典经济学框架下的增长理论，更多是站在分工水平和产品结构既定的前提下，用各种要素投入和要素生产率的变化来解释经济增长。换言之，新古典经济的增长理论既不考虑分工深化提高专业化水平而带来的规模报酬递增，也很难引入由分工而致的新产品和新行业对经济增长的收益（杨小凯，1998：12～17）。

但**在古典经济学家那里，分工的不断深化才是推动经济增长的最根本原因**（孙广振，2015）。斯密早在《国富论》中就指出："劳动生产力上最大的改进，以及运用劳动时所表现的更大的熟练、技巧和判断力，似乎都是分工的结果。"由于市场规模的不断扩大有助于分工程度的持续深化，而分工深化带来的生产方式迂回和生产效率提高，使得产品成本下降和产品数量增加，反过来又会促进市场规模的扩大，由此形成了一个"分工深化—市场扩张"的循环累积过程，有力地推动着经济的持续增长（Young，1928）。在上述过程中，无论是物质资本（机器）的引进、人力资本的积累、还是技术的进步，乃至相应的制度变迁，都既是分工不断得以深化的**原因**，更是分工深化所带来的**结果**。例如许多应用于具体生产过程的专门技术和设备，如果没有相当程度的分工水平，是很难产生出来的，或者即使产生了也没有用武之地[1]。因此，分工深化是经济增长过程中一个最为核心的因素，伴随着市场扩张，它与资本、技术和制度等发生着密切的双向互动，从而决定着经济增长的表现[2]。正是在这个意义上，“分工持续深化”被看作“经济持续增长”的同义反复，“分工水平”也成了“生产力水平”的代名词。正如马克思所言：“一个民族的生产力发展的水平，最明显地表现于该民族分工的发展程度。”[3]因此站在分工理论的视角，中国经济能否保持继续增长而迈入高收入社会，就成为一个分工水平能否持续深化的问题。

如果一个国家的分工状况决定着其经济增长的表现，那么哪些因素会影响分工的不断深化？既然分工会带来专业化水平提高所导致的生产效率改进，那么为什么在许多国家这样的改进不能持续不断地进

---

❶ 杨小凯曾用一个“私人建房”的生动例子来比较中国和美国分工水平的明显差距。在美国，私人修建别墅中“复杂灵活的推土机”、“现场水泥浇灌机”等专业化设备的使用，与其拥有较高程度的分工水平是密不可分的，参见杨小凯（1998）第2～3页。

❷ 具体的讨论参见本书第二章。

❸ 转引自盛洪（1992）：《分工与交易》，第2页。马克思对于分工的关注更着重于“分工”与“生产关系”、“所有制”之间关系的探讨，他认为“分工的各个不同发展阶段，同时也就是所有制的各种不同形态”，而“分工的每一阶段还决定着个人在劳动材料、劳动工具和劳动产品方面的相互关系”，参见《德意志意识形态》，第一卷第一章“费尔巴哈”；《马克思恩格斯选集》，第1卷，第147～149页。

行呢？自从科斯（1937）引入**交易费用（**transaction cost**）**概念以来，新制度主义学派逐渐兴起（威廉姆森，2003；弗鲁博顿等，2006），越来越多的经济学家开始利用交易费用的分析框架来研究分工问题。斯密认为，分工源于人们交换的愿望（即交易能带来双方利益的改善），但分工的深化程度会受到市场规模的限制。在交易费用的视角下，市场规模的大小其实就是交易费用高低的表现之一，如果交易费用（交通、运输费用）减小，市场规模就会增大。

在交易费用的分析框架下，**分工既会带来收益（生产效率提高），也会产生成本（交易费用增加）**。在张五常看来，交易费用包括鲁宾逊经济（即单人经济）中不存在的成本，在经济中人与人之间打交道的任何成本都应计算在内。经济产生分工，就会需要制度的协调，即使是不存在交易的情况下也会产生成本（制度成本）[1]。因此，分工能否深化取决于其所带来收益和成本之间的对比，若分工所导

[1] 例如在计划体制下，各种原材料和产品虽然由计划调配而不存在市场交易，但同样也会产生政府部门、企业等主体之间因互相协调产生的制度成本，而且这个成本往往会高于市场调节下的交易成本。参见张五常（1998）："交易成本范式"，Economic Inquiry，Vol36，转引自《经济解释：张五常经济论文选》，商务印书馆2001年版，第517～518页。

致劳动生产力提高的收益能够超过相应增加的交易费用，那么分工深化就能不断进行，反之则分工水平难以持续提高，经济增长就会趋于停滞。

一旦把交易费用的概念引入分工理论后，经济学家在很大程度上聚焦于探讨与分工相关交易费用的相对大小（与分工带来的收益相比）。为此，他们开始对各种交易费用进行分类和仔细考察，例如区分事前交易费用和事后交易费用（即合同签订之前和之后的交易成本）[1]，或者是外生交易费用和内生交易费用[2]。交易费用的引入和对各种交易费用的详细研究无疑大大深化了人们对于分工的理解，然而如果只是把分工能否深化归因于交易费用的相对高低，似乎也并未真正解决问题。人们继续要追问：又是什么影响着交易费用的高低呢？如果将交易费用看作“经济系统的运行成本”（Arrow，1969），甚至是无所不在

---

[1] 事前交易费用包括草拟合同、就合同内容进行谈判已确保合同得以履行付出的成本；事后交易费用包括不适应成本、讨价还价成本、启动及运转成本和保证成本等，参见威廉姆森（2003）第37～39页。

[2] 外生交易费用指在交易过程中不是由于决策者的利益冲突所导致或影响而外生给定的费用，例如运输和通讯成本；内生交易费用指由于决策者之间交互作用所导致的经济扭曲成本，它是不同参与者争夺分工好处时的机会主义行为所引起，例如逆向选择和道德风险问题，参见杨小凯等（2003）第90～91页。

的“制度成本”，那么仅仅基于“生产效率改进、交易费用降低”的经济视角来解释整体制度的演进（North，1990），显然是不够的。因为影响人类社会制度变迁的，并非只有经济力量。或者说，尽管交易费用的相对高低决定着分工的深化程度，但影响交易费用高低的，并不只局限在经济领域，探究那些决定交易费用和分工水平高低的其他重要因素，需要一个更为广阔的研究视野。

三、从分工到分化

当把分工问题放到更宽泛的领域加以探讨，有两个人的著作对笔者的思考产生了很大的影响。**一是德国社会学家尼可拉斯·卢曼（Niklas Luhmann）的社会系统分化理论；二是金观涛教授的《探索现代社会的起源》**。笔者越来越意识到，虽然分工看起来只是一个在经济领域下专业化水平不断提高的问题，但它却与社会系统的其他领域发生着密切的关系，一个社会系统的“分化模式”对其“分工状态”有着重要影响。与此同时，不同形态社会系统的变迁，意味着其分化模式发生着根本性的变化，也带来分工状态的本质不同。传统社会向着现代社会的“现代化转型”，是理解分化模式演变、分工水平变化和经济增长变迁的关键。因此，结合“社会系统分化理论”和“现代化转型理论”，可以对一个国家的分工和增长现象做出更有穿透力的解释。

卢曼的分化理论[1]根据系统分化的形式区分了不同的社会类型。系统分化（system differentiation）是指在系统之内重复建立系统的过程，即一个系统如何生成不同的子系统[2]。卢曼认为社会系统的分化模式主要有三种理想类型，即“分支式分化（segmentary differentiation）”、“层级式分化（stratified differentiation）”和“功能式分化（functional differentiation）”。分支式分化是全社会分化为**相同**的次系统，层级式分化是全社会分化为不同的**上下**阶层，而功能式分化是全社会分化为**功能不同**的次系统（如经济、政治、法律、宗教、教育等）[3]。

---

[1] 具体的讨论参见本书第三章。

[2] 参见Kneer等（1998），第148页。

[3] 同上，第181页。

原始社会是分支式分化形成的社会系统，其分支（家庭、部落等）均为自给自足、功能相同的小型社会单位，分支式分化导致的是量的扩张，而没有质的变化，它不具有复杂的社会关系和社会结构，也无法承担更为精巧的社会功能，更不可能有较高程度的分工和经济发展水平。

传统社会以层级式分化为主，虽然也存在着各种功能不同的领域，但本质上是一个在统一价值观念（例如宗教意识形态）笼罩下按照单一分层规则所形成的等级分明的金字塔结构。层级式分化按照统一的意识形态赋予不同职业以各自的等级，在金字塔塔尖的统治阶层（国王、主教等）可以凭借自身的等级支配着政治、经济、法律、文化、宗教等不同领域。换言之，整个社会虽然分化为不同功能的领域，但这些领域之间并没有明确的界限，社会等级高的群体可以同时身兼多种功能而实行统治，表现为一种功能泛化（functionally diffused）的治理模式，典型的特征便是政教合一或政教融合的统治形态。

现代社会以功能式分化为主，其突出特征是个人从传统社会的有机体中独立出来，统一的意识形态让位于更为多元的价值信仰，承担不同功能的各个领域日益成为界限分明、相对独立的自治系统。现代社会中的每个领域之内虽然也存在着层级秩序（例如政治领域存在权力大小的级别、学术领域存在职称高低的层级等），但各个领域的层级划分只能遵循自身的规则，不同领域之间的规则不能混淆（例如政治领域的规则不能引入到学术领域，导致权力越大则职称越高的结局）。功能式分化的现代社会是一个多个领域、多个分层规则并存的网络型结构社会，整个社会并不存在一个单一的层级划分规则，而是遵循各个领域相对独立的功能分化（functionally differentiated）式治理。

如果从字面意义上来理解，**分工**仅意味着一个人把越来越多的工作时间用于越来越少的工作领域，即一种专业化的过程。然而，分工的展开不仅涉及个体的意愿和努力，它也取决于相应的激励环境，而这个环境的塑造则深受整个社会分化模式的影响。在层级式分化的传统社会中，尽管存在各种各样的职业，也产生出相当规模和深度的社会分工。然而，首先，人们选择职业的范围受到层级的不同程度限制，一个人的出身等级极大地制约其职业的选择（极端的是传统印度社会的种姓制度，种姓级别与职业种类一一对应）；其次，社会分工水平也会受到层级结构的限制，社会分工深化到一定程度，就会触碰到统一意识形态和层级规则的天花板而不得不停滞下来；再次，在功能泛化的治理模式下，不同领域的相对独立性无法得到保障，在各自领域中的人们难以仅凭借自身的专业化水平提升获得合理的回报，阻碍了分工的持续深化[1]。

所以在**现代化转型理论**看来，只有在功能式分化的现代社会中，社会统一意识形态和单一分层规则被打破后，个人拥有了自主选择职业的权利，人们可以在不同的领域凭借自身的专业化努力而跻身更高的阶层。虽然社会仍然会有笼统的精英/普通民众、上层/下层之分，但不同领域的精英阶层遵循的是各自的规则，某一个领域的上层人士不能任意僭越到其他的领域，由此保证了不同领域的相对独立性和专业性，也使得各自领域的分工深化可以不断持续。

[1] 例如在行政化的教育科研机构，教师或科研人员需要更多借助于行政级别而非研究水平提升自身的地位和回报，由此导致教育科研的专业化水平难以有效提高。

因此表面来看，**分工深化**只是一个经济领域的专业化水平不断提高的问题，然而一个社会的分化模式、并由此相伴的社会结构和治理模式，会深深影响着这个社会的分工水平。层级式分化的传统社会，虽然也有相当程度的社会分工和一定的经济增长水平，但其金字塔式的社会结构和功能泛化的治理模式，从根本上制约着分工深化的持续展开，也难以带动经济增长速度的有效提升。只有在功能分化式的现代社会，才真正破除了限制分工深化的藩篱，营造出专业化水平提高可以带来相应回报的激励环境，从而推动分工的无限深化，带来经济的持续增长。

四、中国的分工、分化与现代化转型

如果运用上述的“社会系统分化理论”和“现代化转型理论”来审视中国的问题[1]。与其他传统社会相比，中国传统社会的特点是**世袭因素相对少、社会流动性比较高**。自秦始皇废封建、置郡县以来，国

[1] 具体的讨论参见本书第六章。

家派出的政府官员而非世袭贵族逐渐成为地方的实际治理者。钱穆认为在中国传统社会中："单只皇室一家是世袭的，……政府里便没有第二个职位，第二个家庭，可以照样承袭。"[1]更为重要的是，**科举制度**的推行在理论上实行了"将政权开放给任何人"的目标。绝大多数人不论出身，只要有才学和一定的运气就可能通过考试进入社会的上层。"朝为田舍郎，暮登天子堂"，即使贵为宰相，许多也是"贫寒出身，平地拔起"。有研究发现明清社会上层的垂直流动性甚至是现代西方国家也难以企及的[2]。因此，中国传统社会虽然也是层级式分化为主而形成的金字塔结构，但不同阶层中的人员却非完全固定，上一辈处于社会的下层，下一辈可能转变到上层，反之亦然。较少的身份世袭因素和较高的社会流动性使得人们拥有更多的选择自由和更大的阶层变动可能，这也使得层级式的社会结构更为灵活和宽松，可以产生和容许更高的社会分工规模和深度。与其他传统社会相比，中国传统社会能够取得比较高的经济发展水平，与此也

---

❶ 参见钱穆（2011）第3页。

❷ 参见何炳棣：《中华帝国的成功阶梯：社会流动的方面1368～1911》，转引自何怀宏（2011）第20页。

是密切相关的。

然而，传统中国社会也具有层级式分化的鲜明特征，即单一分层规则和功能泛化的治理模式。在以儒家为主的统一意识形态的支撑下，整个社会按照单一的政治权力规则被区分为不同的等级，由此形成了“官本位”体制，贯穿传统社会几千年，一直延续至今。所谓官本位，即人们以追求政治领域的行政权力（即“做官”）为指向。在官本位的层级式分化下，权力级别的划分原则弥漫到不同的社会领域，其他领域的发展或多或少均要受到行政权力的直接影响甚至支配。功能泛化的治理模式明显体现在传统中国社会的“**士大夫政治**”之中，士大夫作为集读书人、官僚、地主、乡绅等各种身份为一体的阶层，承担着维护道统、服务朝廷、教化百姓等多种功能，是整个社会治理的主体和社会运行的黏合剂，但由此带来的负面结果是官僚阶层的非专业化和治理的功能泛化。所以，尽管传统中国社会有着更为宽松的社会结构和较高的社会分工水平，但仍然突破不了层级式分化所设下的限制。官本位体制和功能泛化的治理模式，从根本上制约着分工和专业化水平的持续提升，同样也难以产生现代的经济增长。

虽然与过去相比，中国当前的经济社会状况已经发生了天翻地覆的变化，但从分工和分化的理论视角来看，官本位体制和功能泛化治理的特征仍然明显，**总体上中国社会目前仍然处在由层级式分化向着功能式分化、由金字塔结构向着网络型结构的现代化转型过程之中**。社会不同领域之间的界限仍然不够清晰，权钱交易、权学交易、权法交易等不当现象仍屡见不鲜，各个领域的相对独立性和专业化水平亟待提高，功能泛化的现象仍然普遍，政府、企业、事业单位、社会组织等的定位和关系都有待进一步厘清。

因此，回到最开始的中国能否成功迈入高收入国家的问题，从分工、分化和现代化转型的理论视角来看，中国要进一步推动技术进步、生产效率提高和经济持续增长，实现创新和转型升级，就需要分工的继续深化和专业化水平的不断提高，这也意味着社会应该由层级式分化向着功能式分化转变，由此伴随着社会结构从金字塔型逐渐过渡到网络型、治理模式从功能泛化转向功能分化的现代化转型过程。所以打破官本位体制，推进政企分开、政事分开、政社分开和政资分开，将会是国家治理现代化任务的重中之重[1]。

五、未尽的讨论

以上就是笔者在2013年完成国务院发展研究中心招标课题“中国迈向高收入过程中的现代化转型研究”时的大致想法和结论，也是本书的主要内容和观点。

完成课题报告以后，笔者继续着对相关问题的思考。笔者日益发现，无论是运用“社会系统分化理论”还是“现代化转型理论”，上述研究的方法和结论其实隐含着一个前提，即均意味着“中国会逐步走向一条由西方经验所导致的发展道路”。这其实是一个**韦伯式的命题**，那就是“为什么西方独特的发展经验和道路，会具有普世性的价值和意义”？韦伯在《宗教社会学论文集》的引言中曾经问到：“究竟哪些情势一起作用，导致了那些在西方，并且仅仅在西

[1] 参见《中共中央关于全面深化改革若干重大问题的决定》，2013年11月12日中国共产党第十八届中央委员会第三次全体会议通过，新华社。

方这里，才出现的文化现象——而这些现象，至少我们通常都以为，它们的发展具有普遍的意义和效力?”❶

如果不假思索地认为中国必然会遵循其他国家尤其是西方发达国家经验所总结出来的社会演进模式，并由此来推断中国未来的进程和应该做出的转变，这是不是又成为另一种类型的“刻舟求剑”呢?

西方国家功能式分化的社会，是建立在其个人主义传统之上的，整个社会的制度安排和运行都基于个人权利的基础。在这种文化传统和相应的制度安排下，每个个体都是社会的完整缩影，都有其内在的权利和责任，仅凭个人串联着互相分立的经济领域、社会领域、宗教领域和政治领域❷。就像费孝通先生所采用的经典比喻，西方社会就像捆柴，单个个体就是一根根的柴火，再由若干根柴火组成一捆一捆的捆柴（即一个个社会团体）。每个社会团体同样具有个人权利衍生出来的权利和责任，不同的社会团体之间形成相对分明的界限，因此社会的结构是一个**团体格**

❶ 参见韦伯（2010）：《新教伦理和资本主义精神》，第1页。转引自李猛（2010）第1页。

❷ 参见麦克法兰（2013）：《现代世界的诞生》，上海人民出版社，第7页。

局。这种基于个人权利而形成的团体格局，对于功能式分化现代社会的产生具有重要的影响。而西方之所以会逐步演变成这种基于个人权利和团体格局而导致的功能分化式现代社会，与其所秉持的救赎和求知两大终极价值、独特的历史进程等一系列因素密不可分❶。

而在中国的文化传统下，个人是社会关系网的中心点，而非孤立的个体。中国的社会关系就好像把一块石头丢在水面上所发生的一圈圈推出去的波纹。每个人都是其关系圈子的中心，被圈子的波纹所推及的人会与所处圈子中心的人发生联系（即所谓关系），联系的紧密程度和所遵循的规则取决于处于不同圈层的人与中心的人远近程度，即血缘和亲缘等关系的密切程度，这种关系的远近程度是儒家通常所称的人伦。中国社会结构就是这样一个个人的社会关系共同交织所组成的**差序格局**❷。

很显然，不同的文化传统生成不同的观念和制

❶ 例如权力高度分散化的封建社会、大一统的天主教会制度、科学革命、宗教改革、文艺复兴，等等，具体的讨论参见本书第五章。

❷ 参见费孝通（2005）：“差序格局”，《乡土中国》，北京出版社，第24～27页。

度，一个社会的分化模式不可避免地也会受到其文化传统的影响。在中国这种“关系主义”和“差序格局”的特征下，中国一定会向着那种“功能分化”式的社会演变方式前进吗？这是一个需要探讨的问题。

更为重要的是，从增长、分工和分化的理论视角来看，如果“要维持经济持续增长需要分工持续深化，而要推动分工持续深化则需要社会由层级式分化转向功能式分化”的逻辑命题成立，从而推出“中国要实现经济增长和分工的持续深化，也需要转向功能式分化的社会”的结论，那么在“差序格局”和“关系主义”的文化传统下，中国的功能式分化又该如何具体实现呢？换言之，中国式的功能分化社会又表现出哪些与西方不同的特征呢？这同样是悬而未决的问题。

至此，为了回答“中国能否避免落入中等收入陷阱、迈向高收入国家”这个问题，从“增长”、“分工”一路追踪到“分化”、“现代化转型”，再继续讨论到“社会格局”和“文化传统”，似乎已经离开最初的问题太远了。根据推算，2015年中国人均GDP已达到11772国际元，已经超过了前述“高收入之墙”的11000国际元标准。即使根据当年价美元计算，2015年中国人均GDP也达到了8000美元左右，也有学者认为中国最早在2020年、最晚也会在2022年能够跻身世界银行设下的高收入国家行列，看起来“中国能否迈入高收入国家”，已经是一个即将由事实所验证、无需再多加讨论的问题了。

然而笔者却没有这样乐观，无论是中等收入陷阱还是高收入之墙，其标准仅仅只是几个数值，更为重要的是数字背后所反映的观念和制度的变化。正如书中所言，“中国迈向高收入，本质上是其现代化转型的一个环节”，而中国的现代化转型，目前依然是一个“未完成的方案”。中国现代化转型的目标，即“中国的现代文明秩序的建构”（金耀基语），仍然任重而道远。即使从经济领域来看，随着经济增速的下降和增长模式的变化，过去三十多年高歌猛进的发展阶段已经结束，中国这艘大船逐渐离开了原有的航道，来到了一片真正未知的水域，未来的征程必然存在着各种各样的风险和不确定性，需要继续展开探索。同样如上所述，从“增长”、“分工”、“分化”到“现代化转型”的探讨依然没有结束，中国在自身传统下是否应该、以及如何能够走向功能式分化现代社会的道路仍然有待研究。从更深层次来看，中国如何在千年未有之变局的大背景下，在中西观念、制度和器物碰撞的过程中实现“以古引今、以中化西”[1]，真正解决“**孔子+马克思**”[2]的难题，走出一条中国式的现代化转型之路，也许还需要一代人甚至几代人的努力。

最后，笔者要感谢对形成这本小书有帮助的诸位同仁，国务院发展研究中心负责“中等收入陷阱”课题的刘世锦研究员和参与课题的各位同事，指导招标课题“中国迈向高收入过程中的现代化转型研究”的张军扩研究员、侯永志研究员和高世楫研究员，以及参与课题的清华大学唐文明教授、香港中文大学柯荣住博士、国务院发展研究中心的何宇鹏研究员和王列军副研究员，尤其是中国发展出版社的美意和编辑宋东坡先生一直以来的包容和督促，才使得笔者有机会

---

❶ 唐文明认为当代儒学面对现代性的立场应该是“以古持今、以中化西”，参见《天涯》，2016年1期，“迎接儒学复兴的新阶段”。“以古持今”的态度似过于被动和消极，“以古引今”也许更为合适。

❷ 李泽厚认为中国的现代性道路，应是“孔夫子”加“康德”，参见李泽厚（2014）“为什么说孔夫子加Kant”，引自《由巫到礼·释礼归仁》，三联书店2015年版，第191～238页。

不揣浅陋将这本小书献于读者。

现在来看三年前的文字，相比于想要论述的宏大内容，书中的概念、分析框架、论证和结论都不免显得粗疏。而且笔者自己的观点在这三年思考中也发生了不小的变化，之所以把这些远非成熟的当初想法付之成书，是自认为书中所论述的从“分工和分化”的视角来看待“中国迈向高收入和现代化转型”，还有一点创新之处和可取之意，希望能有益于读者，并对相关的讨论提供自己微薄的贡献。

中国迈向高收入：发展方式转变和现代化转型

第一章

每当中国发生巨变时，历史上曾经触动几代人心灵的问题，总会一再震响。

——金观涛、刘青峰[1]

当前，中国已经进入了上中等收入国家的行列。中国能否再接再厉，避免落入“中等收入陷阱”，成功地迈入高收入国家行列，引起了社会各界普遍的热议。各类研究对于中国能否进入高收入国家、何时进入高收入国家、怎样才能进入高收入国家，给出了莫衷一是的判断，提出了各种各样的建议。

[1] 金观涛、刘青峰（2011）：《兴盛与危机：论中国社会超稳定结构》，法律出版社。

一、中国能否迈向高收入国家是当前研究的热点和焦点

纵观各国经济发展的事实，尽管历史事件风云变幻、跌宕起伏，但那些能够在较短时间内从低收入水平不断迈进并真正成功进入高收入的国家，其实**不多**。自第二次世界大战结束以来，只有13个经济体在25年或更长的时间段维持了年均7%及以上的持续增长，它们分别是博茨瓦纳、巴西、中国、中国香港、印度尼西亚、日本、韩国、马来西亚、马耳他、阿曼、新加坡、中国台湾和越南。而在这13个经济体中，能够在达到中等收入水平后继续保持增长并成功迈入高收入行列的只有**六个**，即日本、亚洲四小龙（韩国、新加坡、中国香港、中国台湾）和马耳他[1]，其中马耳他是个不到50万人口的小国，新加坡和香港都是城市经济体，因此人口规模较大的只有日本、韩国和中国台湾。许多国家都在达到中等收入水

[1] 参见斯宾塞、林重庚编著（2011）：《中国经济中长期发展和转型：国际视角的思考和建议》，中信出版社2011年版，第5页。

平后难以再保持稳定持续的增长，落入所谓“中等收入陷阱”，典型的案例是拉美国家，特别是阿根廷、巴西、墨西哥等国，它们也都曾经历过时间不等的快速增长期，但却没有一个可以实现长期的稳健增长，无法进入高收入国家的行列[1]。

目前全球60多亿人口中，只有不到1/6（即近10亿人）生活在高收入国家，它们基本上都属于经合组织OECD的成员国（主要是欧美等西方发达国家），这些国家绝大多数自工业革命以来一直也是全球最为富裕的国家群体。因此，**从西方国家兴起以后的世界发展历史来看，全球贫富俱乐部的成员其实相当稳定。几百年过去了，富的依然富、穷的依然穷，只有为数很少的几个经济体能够突破魔咒，从穷转富而成为特例**。

中国作为一个拥有13亿人口的发展中大国，若真能稳步迈入高收入国家行列，不仅对中国来说将是巨变，事实上也必将对世界格局发生重要和深远的影响，这会是一场前无古人、后也难有来者的伟大事

[1] 参见宣晓伟、陈昌盛（2011）：“中等收入阶段的国际经验分析”，转引自刘世锦等（2011），第82～84页。

业。站在这个角度，“中国能否进入、何时进入以及怎样才能进入高收入国家”的问题尤为值得探究。

二、“发展方式转变”与“迈向高收入”

从“发展方式转变”的角度来分析中国迈向高收入的过程是当前看法的主流，此派观点的基本逻辑是，**“一国从中等收入向着高收入迈进所需的发展机制”与“原有实现起飞的机制”有着根本的区别**。也就是说，“一个国家可以遵循最初的发展战略和增长机制从低收入经济体成长为中等收入经济体，但却难以再依靠这套战略和机制继续保持增长，要从中等收入成功迈向高收入，必须实现原有发展方式的转型”。任何一种发展模式和相应的宏观策略、政策举措，只能适用于一段特定的时期，因为前期的发展模式成功后必然带来经济的发展和收入水平的提高，导致整个社会的巨大变化，使得原有的发展模式将难以适应新的情况，必须做出调整和改变，才能继续推动产业持续升级和收入水平不断提高，前面所提到的日本和亚洲四小龙的发展历程和经验都证明了这一点[1]。

结合中国的实际，上述观点认为：**改革开放以来中国传统发展方式取得了巨大的成绩，但也日益显示出“不可持续”的根本问题，迫切需要转变。**在改革开放各项政策的带动下，国内“各种要素低成本组合”的竞争优势开始显现，这种传统发展方式下的低成本既体现在劳动力和资金价格上，也体现土地、水、能源和其他资源的价格低估上，以及对环境污染、生态破坏造成的外部损害并未完全内部化为生产成本。充足的富余劳动力、低廉的资金、低估的资源价格、宽松的生态环保约束、相对完备的工业基础和不断完善的基础设施，加上对外开放战略实施所带来广阔的国际市场、相对先进的国外技术和管理经验，使得中国低成本竞争型的传统发展方式产生了强大的竞争力，无论是推动国内市场扩展、还是参与国际竞争，都取得了显著的成效，成为过去三十多年中国经

❶ 参见瞿宛文（2012）：“台湾经验：民主转型和经济发展”，载于朱云汉等《台湾民主转型的经验和启示》，社会科学文献出版社2012年版，第5页；珀金斯（2008）：“1950～2006年的亚洲发展战略”，载于青木昌彦、吴敬琏编：《从威权到民主：可持续发展的政治经济学》，中信出版社2008年版，第17页。

济社会保持高速发展的重要原因。

然而，传统发展方式在取得成绩的同时，也日益暴露出经济社会发展不均衡、不协调的根本矛盾，突出表现在经济增长与社会发展之间失衡，城乡、区域和不同人群之间的差距扩大，投资、消费和出口之间的比例失当，经济社会发展与生态环境保护之间存在尖锐的冲突等等。与此同时，伴随着国内外的发展环境和条件的不断变化，国内劳动力、土地等要素成本不断上升，资源生态环境等约束逐渐加强，传统发展方式下的低成本竞争优势正在不断被削弱，过去的增长模式难以维系；而全球金融危机的爆发和国际市场的持续疲软对中国出口导向的增长模式也带来了严峻的挑战。

因此，根据“发展方式转变”的观点，中国要实现从中等收入向高收入的迈进，根本在于要“加快经济发展方式的转变”，即“由主要依靠增加物质资源消耗向主要依靠科技进步、劳动者素质提高、管理创新转变”[1]。具体而言，**“发展方式转变”的角度主**

[1] 参见胡锦涛（2007）：“在中国共产党第十七次全国代表大会上的报告”，10月15日。

要基于经济社会发展领域来看待中国能否进入高收入国家的问题，更多把注意力集中在中国如何实现创新转型和产业结构升级、怎样顺利实现工业化和健康推进城市化、怎样加快服务业发展、怎样扩大内需尤其消费、怎样增加劳动者报酬在国民收入中比重等、如何推进国有企业改革和财税体制改革、怎样应对老龄化对未来经济增长造成的冲击等各种重大经济社会问题上。

三、"现代性"的视角

与此同时，也有一些学者更愿意从"现代性"的角度来看待中国未来的发展。他们认为，"**现代性是指欧洲启蒙运动所倡导的自由、理性、个人权利等核心价值观，和以此为基础建立的市场经济、民主政体和民族国家等一整套制度，即现代文明秩序**"。

在此派观点看来，中国过去三十多年的经济社会发展尽管取得了巨大的成就，但中国社会核心价值观的形成、政治体制改革、法治建设等方面，还有很长的路要走。中国社会的转型不能只从“现代化建设”的角度来看待，“因为在中国的语境下，现代化的内涵主要是经济和物质的指标，而价值体系和制度安排被抽离”。

所以，中国在迈向高收入的过程中，最终目标是要**建构中国的现代文明秩序**，它“**是一个跨世纪、至今未完成的方案，是一项需要对现代核心价值观、对未来模式和路径重新认定的历史使命，是一个决定中国未来走向的不可逾越的现实问题**”[1]。因此，在他们看来，中国未来发展最根本的任务就是要从一个从前现代性社会转变为现代性社会，要“建立一个以现代核心价值观（自由、理性、个人权利）为支撑，以市场经济、民主政体和民族国家为基本制度的现代文明秩序”，只有以此为根本指向，才能使中国避免落入中等收入陷阱、顺利迈向高收入社会。

---

❶ 参见秦晓（2009）：《当代中国问题：现代化还是现代性》，社会科学文献出版社，第6页。

四、“现代化转型”与“中国迈向高收入”

（一）理解中国迈向高收入的过程不应只局限在经济社会领域

长期以来，中国经济发展方式的转变一直处于“久推难转”的局面，迟迟难以取得实质性的突破。事实上，早在十多年前中央文件就已经明确提出了“**积极推进经济增长方式转变**”的要求[1]（参见“九五”（1996～2000年）计划），并着重指出“经济增长方式由粗放型向集约型转变是实现今后十五年奋斗目标的关键所在”之一。江泽民同志在党的十四届五中全会闭幕时（1995年9月28日）所做的“正确处理社会主义现代化建设中的若干重大关系”（即通常所指的“论十二大关系”）的报告时也明确提出：“正确处理速度和效益的关系，必须更新发展思路，**实现经济增长方式从粗放型向集约型的转变**。这种转变的基本要求是，从主要依靠增加投入、铺新摊子、

---

[1] 参见李鹏（1996）：“关于国民经济和社会发展‘九五’计划和2010年远景目标纲要的报告”，第八届全国人民代表大会第四次会议，1996年3月5日。

追求数量，转到主要依靠科技进步和提高劳动者素质上来，转到以经济效益为中心的轨道上来。这一思想，早在改革开放之初就已明确提出，虽然取得了一定进展，但总体效果还不明显。”[1]

许多研究业已指出，经济发展方式之所以迟迟难以转变，是其背后的体制机制尚存缺陷和相关的改革难以推进[2]。因此，如何加快体制机制的改革以推动发展方式的转变，也是目前研究的重点领域。

与此同时，体制机制的安排与人们具有怎样的思想观念是密不可分的，某种程度上是在一定思想观念指导下的产物。当前体制机制的改革迟迟难以取得有效突破，除了人们常常提及的既得利益集团的阻挠以外，思想观念上的混乱和冲突也是重要原因。典型的例子是目前的国有企业改革，正因为人们基于各自的价值观念，对国有企业的定位和功能存在各种各样的认识，使得对如何推进国有企业改革众说纷纭、难有

[1] 参见江泽民（1995）：《正确处理社会主义现代化建设中的若干重大关系》，《江泽民文选》第一卷，人民出版社2006年版，第462～463页。

[2] 参见张军扩、侯永志（2009）：《着力解决深层矛盾、推动发展方式实质性转变》，国务院发展研究中心2009年重大课题研究报告“新形势下我国经济发展方式转变的战略重点”。

共识[1]。

从上述角度看，“**中国走向高收入国家，不仅仅是一个保持经济增长和人均收入水平如何提高的问题，更是一个中国社会如何伴随着现代化而逐渐转型的问题，这不仅是一个物质财富增加的过程，更是一个体制机制变迁和价值观念变化的过程**”。换言之，要理解中国迈向高收入的历程，就不能仅仅局限在经济社会领域，而需要将其放到更为宽泛的大背景下来研究。

（二）应从长期的视角理解中国迈向高收入过程，尤其要重视思想观念变迁的影响

理解中国迈向高收入的过程不仅需要关注短期的社会经济现实矛盾，更需要站在长时段的历史视角加以考察。在经济社会的变迁中，器物（技术）、制度和思想观念的变化速度各有不同，技术的进步可说是日新月异、一日千里，变化的速度用数年数月甚至数日来计。而制度层面的变迁则相对缓慢，一项制度的

[1] 参见宣晓伟（2013）：“按现代化转型的要求推进国有企业改革”，《比较》，第3期（总第66期），第145～156页。

演变，少则数月、多则数年甚至十数年，才可能经历从研究、动议、出台、实施乃至修正的完整过程。一些对经济社会发展有根本性、全局性影响的制度，其演变的过程更是可能长达数十年，例如中国由计划经济体制向市场经济体制的转轨，时间跨度当在几十年之久。思想观念的变化速度则更为缓慢。人们所思所想的对象越为宏大、越为根本，则相关观念的变迁常常更为迟缓。根本性思想观念变化的历程，当以数十年乃至上百年来计。

尤其值得指出的是，人们**“进行思想的方式”**比**“进行思想的内容”**变化得更为缓慢，在特定文化传统影响下不同时代的人们所思所想的内容将会迥异，但怎样去想却可能有惊人的一致性，思想方式是影响人们思想观念变化的更深层次结构，它的变化过程可能会经历数百年甚至上千年。在中国，一些特定的思想模式可以延续数千年之久，从根本上影响着经济社会的变化趋势，这也是中国今天的社会组织方式为什么会具有历史上传统社会某些重要特征的深层原因，例如血缘、亲缘等熟人关系为什么仍然能够在当今中国社会运行中占据支配性的地位。思想方式对经济社会的影响犹如河床对河流的作用，多数情况下人们会被奔腾汹涌的河流表面所吸引，并未意识到看不见的河床实际上对河流的千回百转发挥着更深层次的影响。所以，要更好地理解和把握中国迈向高收入的过程，就需要站在历史的角度，深入到中国传统和近现代思想观念的演变中，探求其未来的变化将可能对经济增长造成的影响。

（三）“中国迈向高收入过程”本质上是其现代化转型过程中的一个环节

根本上来看，中国迈向高收入国家的过程不仅仅是一个人均收入水平再上台阶的问题，它是中国整个现代化转型过程中的一个必经阶段，需要将“中国迈向高收入”放到中国现代化转型的整体进程中来看。**自1840年鸦片战争以来，中国被迫从几千年朝代循环的旧轨道中跃出，在器物、制度和思想观念的不同层面遭受了巨大的冲击，个人、社会、民族和国家经历了根本的变迁，以逐步实现从一个传统农业老大帝国向现代工业民族国家的转型，目前这个现代化的转型**

过程尚未根本完成。

站在历史的角度，只有把中国迈向高收入的过程放到整个中国的现代化转型的进程中，才会获得对这个问题的更为深入和全面地理解。中国传统社会传承数千年，历经王朝更替，自有一套完整严密且极具惯性的运行模式，包括相应的价值观念和特有的制度安排，都有长足的发展，也获得了相对较高的经济社会发展水平（以传统社会的标准来看）。自秦朝建立大一统国家以来，中国虽然历经朝代循环，但整个国家治理和运行的根本逻辑并无实质性的变化。已有众多学者对中国社会这种貌似停滞的状态展开研究，有人将其称为“超稳定结构”[1]。亚当·斯密也同样论述到：“中国一向是世界上最富有的国家，就是说，土地最肥沃，耕作最精细，人民最多而且最勤勉的国家。然而，许久以来，它似乎就停滞于静止状态了。今日旅行家关于中国耕作、勤劳及人口稠密状况的报告，与五百年前视察该国的马可·波罗的记述比较，

[1] 金观涛、刘青峰：《兴盛与危机：论中国社会超稳定结构》，法律出版社2011年版。

几乎没有什么区别”[1]。中国传统社会的运行像是一直处于一种锁定（Lock in）的状态，就如同地球沿着自身的轨道绕着太阳稳定地绕转，没有外来的冲击，很难脱离开原先的轨道。

自19世纪中国遭遇西方的猛烈冲击以来，面对着船坚炮利的对手，中国马上面临着亡国灭种的巨大压力。中国不得不被迫跃出原先的轨道，在器物、制度和观念等各个层面展开变革，以实现救亡图存乃至强国富民的根本目标，从此中国便展开了波澜壮阔的现代化转型之旅，至今这个旅程尚未结束，中国未来的走向和现代化进程仍存在着相当程度的不确定性。

因此，要完整和准确地理解中国迈向高收入国家的过程，必须从整个国家现代化转型的历史出发，只有真正知道过去在器物、制度和思想观念层面分别发生了什么变化，以及为什么会这样变化，才有助于把握未来的演进趋势。

---

❶ 参见斯密（1776）：《国民财富的性质和原因的研究》，商务印书馆1972年版，第65页。

（四）当前中国正处在社会快速变迁的现代化转型过程中

在中国现代化转型的背景下，本书试图从**社会变迁**的角度来看待中国迈向高收入国家的过程，认为中国现代化转型将伴随着由"金字塔型社会"向着"网络型社会"、"关系型社会"向着"契约型社会"的转变。在这个转变过程中，社会结构进行调整、社会功能不断分化、各种社会主体之间的关系发生重塑，这种社会结构和社会功能、以及社会主体间关系的变化，是与器物、制度和思想观念三者的变化互为影响、互为支撑的。

如果将"中国能否进入高收入国家"这个命题放到"中国由传统社会向现代社会转型"这个更为宽泛的框架下来分析，这种"传统—现代"貌似截然对立的分析框架在面对目前纷繁复杂的中国现实时似乎马上就会遇到难以克服的障碍。

当前，中国正处在一个社会结构、社会功能、以及社会关系进行深刻而又迅速变化的阶段。一方面，经过建国以来尤其是改革开放三十多年来的经济社会发展，整体国力大幅提高，人们生活水平明显攀升，绝大多数城市面貌日新月异，中国的经济社会发展呈现出一派勃勃的生机。原有的一元化体制已经松动，社会各个群体的权利和利益日渐明确和多元化，中国似乎正在向着一个现代化的多元社会迅速迈进。目前中国社会正经历着高速的经济增长和剧烈变迁，社会的生产和生活方式，普通居民的衣食住行（尤其是较为发达的都市地区），都日益呈现出现代社会的特征。在全球化和信息化的今天，各国民众的生活方式至少从表面上来看变得越来越相似，就像众多中国人也像西方人那样，吃麦当劳、用iPhone。

另一方面，在传统意识形态松动的同时，人们的终极关怀明显缺失、社会整体的价值信仰难以确立，社会结构的**碎片化**趋势明显[1]，不同领域界限模糊、

[1] “碎片化”（fragmentation）是指传统一元化体制松动的背景下，社会的各个群体（包括地方政府、职能部门、企业、社会团体、个人等）的权利和利益诉求得到不同程度的承认，在仍维持一元化格局的条件下逐渐形成各个相对独立且利益分化的群体。对于中国体制“碎片化”问题的讨论，参见Lieberthal, K. and Oksenberg, M., (1988)，第22～23页，和Lieberthal, K. and Lampton, D.M., eds. (1992)，第6～25页，以及Mertha, A.,(2009)。

功能泛化[1]的现象仍很严重。当前中国社会似乎已经是一个非人格化的契约关系主导的现代社会，存在着大量的正式规范（例如法律、政府条文等），但事实上程序化、制度化的**规则**尚未在协调各个领域和各类主体之间发挥出根本性的作用，模糊的**关系**而非明确的规则在重要事务上经常扮演着更为重要的角色。

中国社会的运行模式和治理逻辑却还带有着许多传统社会的重要特征，尤其是从血缘、亲缘（或拟血缘、亲缘）出发的私人和小团体关系在社会的运行中仍然发挥着最为基本的作用，它在社会重要的权力和资源分配中常常有着决定性的影响。私人关系在社会基本运行中发挥支配性作用的结果是，整个社会很难形成一种不因人而异、照规矩办事、可以理性预期的氛围，即形成一种“契约”关系或“法治”关系主导的社会环境。因此，当前的中国社会正呈现出看似非常矛盾的局面。从器物层面看，当今社会与传统社会已有天壤之别，社会的生产力水平与过去相比完全不

[1] 所谓功能泛化（functionally diffused），是指在传统社会中不同领域的不同功能常常是整合在一起的，一个团体、组织或个人往往身兼社会的多种功能。参见金耀基（1999）：《从传统到现代化》，第14页；麦克法兰（2013）：《现代世界的诞生》。本书第三章还将对社会的“功能泛化”和“功能分化”展开更为详细的讨论。

可同日而语。与此同时，从社会最为基本的运行规则来看，却又与传统社会有着惊人的类似，小到日常生活、大到社会中的权力和资源配置，从血缘、亲缘出发的私人和小团体关系仍然在不同程度地发挥作用，甚至起着决定性的影响。换言之，尽管许多中国人现在已经住在日新月异的大都市，但指导他们生活的许多基本法则，却仍与费孝通先生在1947年出版的《乡土中国》[1]所描述乡村生活中的运行规则非常相似。从社会变迁的角度来看，**如何按照中国现代化转型的要求，逐渐完成由“身份型和关系型社会”向“契约型社会”的转换，朝着建立不同领域界限清晰、功能分化、权责对等的多元化社会的方向，进一步推动社会结构和社会功能的调整、社会主体间关系的重塑和规范，将是中国迈向高收入过程的关键**。

需要着重指出的是，本书所论述中国在迈向高收入国家的过程中，需要完成由“关系型社会”向“契约型社会”的转变，这并不意味着中国社会只讲“关系”不讲“契约”，也并非是说现代契约社会只讲“契约”不讲“关系”。由血缘、亲缘出发的关系

[1] 参见费孝通（1947）：《乡土中国》，北京出版社2005年版。

在任何社会的运行中都扮演着至关重要的角色，现代契约社会也不例外。这里的根本区别在于“关系”和“契约”在社会运行中地位和作用的比较，尤其是对社会权力和资源配置影响的不同。在“关系主导的”社会，同样存在着各种各样的契约，但关系是更为重要的，有了足够硬的关系，任何契约似乎都可以突破，任何规则似乎都形同虚设，关系是真正支配社会运行的“潜规则”，在配置社会权力和资源中发挥着更为根本的作用。而在现代契约社会中，“契约”和“规则”是更为根本、更为重要的，它支配着其他一切关系。例如在求职的过程中，毕业的学生利用导师的关系去谋求适合的岗位在西方社会也是很普遍的，但这种关系的利用要建立在招聘程序的公开与公正之上。

同样，在比较“关系型社会”与“契约型社会”时，也并不含有强烈的价值判断，即不认为“关系型社会”一无是处，而“契约型社会”完美无缺。事实上，从传统的“关系型社会”向着现代的“契约型社会”演变，从进化论的观点来看，似乎是人类社会从一个较不理想的状态逐渐向着一个理想的未来不断发展前进的过程。但历史事实已经表明，这种想当然的进步观念并不总是成立。正如托克维尔在讨论大革命时期法国社会的变迁时曾经感叹，西欧**传统社会**的“人们在不幸之中还享有一些我们这一代人恐怕难以想象和理解的幸福，……虽有不平等和苦难，但人们的心灵并未堕落，……这样组织起来的社会，可能有其稳定性和强大性，尤其可能有其光荣之处”[1]。而**现代契约社会**则也暴露出一系列的问题，例如价值相对主义乃至虚无主义的产生、人们精神世界的坍塌，以及人生意义和集体行动感的丧失，等等，包括马克思、韦伯等在内，近现代以来已经有众多思想家对现代社会的众多方面进行了深刻的批判。

“传统”和“现代”的各种因素，羼杂在一起，有时互相支撑、有时互为排斥，共同构成了当前异常错综复杂的中国社会形态。因此在运用“传统—现代”框架时，需要我们极其小心，摈弃那种非此即彼、非好即坏，以及在评价传统社会和现代社会时赋予强烈价值判断而过于简单的进化论心态。

[1] 托克维尔（1835）：《论美国的民主》，商务印书馆1995年版，第10页。

尽管当今的人们已经越来越意识到，人类社会由传统社会向现代社会的演进并非是一个绝对意义上的不断变得更好的过程，甚至不少学者拒绝使用“传统—现代”这种看来过于简单的划分方式和分析框架。然而，**一个重大、明确而又无法回避的事实是，经济增长的表现（以及相应的发展水平）在传统社会和现代社会之间有着根本性的区别**。正是这种经济表现的巨大差异和其所直接导致的军事实力，才使得西方世界率先脱颖而出；而其他传统社会，则无一不笼罩在西方世界兴起后的阴影和压力之下。无论原先秉持怎样的价值观念、意识形态和制度安排，在物质层面的“国强民富”是各国在救亡图存的压力下的必然选择。因此，从直接的层面来看，由传统社会向现代社会的转型，首先是一个如何实现“现代经济增长”的问题。而中国迈入高收入的问题，表面上看也是一个如何继续维持经济增长的问题。

如果站在中国迈向高收入的角度，不同的社会关系和社会结构对于社会分工水平有着重要影响，而社会的分工水平又决定着经济的增长。从经济增长来看，一个“契约”而非“关系”在社会权力和资源分配中扮演更为根本、更为重要的社会，通常会被视为更有利于经济的持续增长。也正是从这个角度出发，中国要保持持续增长、迈向高收入[1]，需要实现由“关系型和金字塔型社会”向“契约型和网络型社会”的根本转变。

本书将围绕“为什么中国迈向高收入应伴随着一个由金字塔型社会向网络型社会转变的现代化转型过程”这一核心问题展开论述。研究从社会分工、社会结构和社会关系的视角出发，分别讨论“分工与经济增长之间存在何种关系？”“现代社会分工和多元化的社会结构是如何出现的，它与社会的器物、制度和思想观念之间有着怎样的关系？”“传统社会为什么难以产生较高的分工水平？”“西方社会是如何演进到多元化的现代分工社会？而其他国家为什么却难以发生？”“中国传统社会为什么是一元化金字塔型结构，在器物、制度和思想观念，以及社会分工的主要

[1] 本书预设的前提是“中国想要实现人均收入水平不断增长，并迈向高收入国家行列”，即“中国迈向高收入是可欲和正当的”，并在这个前提下来讨论“中国怎样迈向高收入”。但是，正如已经讨论到，现代的高收入社会同样存在一系列的弊端，“中国需不需要、应不应该迈向高收入”，以及是否应当用单方面的经济标准（如人均收入水平）来衡量并评价社会的演进，事实上也是一个值得探讨的问题。当然，这个问题并不在本书的研究范围之内，需要另外的专门讨论。

特征是什么？”“遭受西方冲击后，中国社会经历了哪些变化？建国和改革开放以来又发生了什么变化？这些变化在器物、制度、思想和社会分工的特征是哪些？”“中国迈向高收入过程中社会结构和功能还将发生哪些变化，这些变化对于器物、制度和思想观念的要求又是什么？”等主要问题。

接下来，首先本书将给出分析的理论框架，重点论述现代社会分工和多元化社会结构的形成是理解现代经济增长的关键，以及探讨社会分工和多元化社会如何产生和发展。其次讨论其他国家的历史经验，分析西方社会和其他社会的演进历程。着重讨论现代社会分工和多元化社会结构为什么不可能在传统社会产生，又何以在西方出现，而其他国家却难以迟迟效仿。再次围绕中国分别讨论传统、近现代和未来中国社会的演变趋势，分析器物、制度、思想对于社会结构和分工水平的影响，重点探讨中国在迈向高收入过程中，实现由金字塔型社会向网络型社会演进所需器物、制度和思想的变化。

第二章

理解现代经济增长和社会变迁

劳动生产力上最大的改进，以及运用劳动时所表现的更大的熟练、技巧和判断力，似乎都是分工的结果。

——亚当·斯密[1]

中国迈向高收入国家行列，是一个人均收入水平继续提高、再上台阶的过程，也就是一个中国是否能够保持经济稳定增长的问题。从现代经济增长的视角来看，中国过去三十多年的高速发展历程，其实也是全球在迈入工业革命后、不同国家和地区在不同时期所先后经历的现代经济增长的一个组成部分。所以，先对现代经济增长的历史展开一些回顾，以期对中国的未来增长趋势有更好的把握。

[1] 参见亚当·斯密（1776）：《国民财富的性质和原因的研究》，商务印书馆1972年版，第5页。

一、现代经济增长的出现和演变

尽管在今天的人们看来，社会经济总量的不断增长、人们生活水平的日益提高似乎是一件顺理成章、理应如此的事情。但从历史的角度来看，近代以来经济增长的加速却更像是一个十分偶然的事件。

有史以来，人类社会长期受到赤贫和饥饿的困扰，经济发展始终徘徊在很低的水平。在几千年中，总产出上有限的增加马上会被人口的增加所稀释，使得人均收入水平在很长时段内只有相当可怜的增加，而总产出的增加（相应的人口增长）又受到土地等自然资源的限制，从而整个社会的发展陷入到所谓马尔萨斯式的增长[1]。历史上，人们很难想象会有这样的一个社会，其经济可以持续高速地增长，即使是普通

[1] 马尔萨斯认为人类有生育孩子的天性，使得人口按指数繁衍，但食品生产受到固定的自然资源禀赋特别是土地的制约，其产出只能按算术级数增长，所以人均食品供给超过生存水平的余量最终都将被增长的人口所消耗掉，绝大多数人的生活水平和人均收入长期只能维持在最低生存水平线上。参见速水佑次郎（2003）：《发展经济学——从贫困到富裕》，社会科学文献出版社，第64～70页；福山（2012）：《政治秩序的起源：从前人类时代到法国大革命》，广西师范大学出版社，第451～455页。

民众也能够过上相对丰裕的生活。

如图2.1所示，从人类的史前时代到18世纪工业革命以前，全球国民生产总值的增长都异常缓慢，从人均水平来看，则长时期增长率实际上等于零，有时甚至是负数，只有非常少数的王公贵族可以衣食无忧，整个社会的绝大多数人始终处在贫困糊口的边缘。

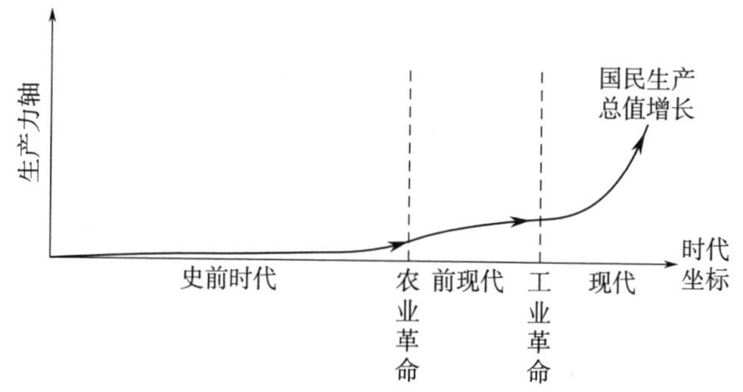

图2.1　全球国民生产总值的增长[1]

从11世纪开始，西欧的人均收入水平开始上升，最初它只是以非常缓慢的步伐前进。而到了工业革命爆发以后，就像英国著名历史学家霍布斯邦所说："在1780年代的某一个时候，人类社会的生产力摆脱了束缚它的桎梏，在人类历史上这还是第一次。从此

[1] 本图引自罗荣渠（2004）：《现代化新论——世界与中国的现代化进程》，商务印书馆，第130页。

以后，生产力得以持久迅速地发展，并臻于人员、商品和服务皆可无限增长的境地，套用经济学家的话语来说，就是从‘起飞进入了自我成长’”[1]。正如马克思、恩格斯在《共产党宣言》里生动形象的描述：“资产阶级在它不到一百年的阶级统治中所创造的生产力，比过去一切世纪创造的全部生产力还要多、还要大。自然力的征服，机器的采用，化学在工业和农业中的应用，轮船的行驶，铁路的通行，电报的使用，整个整个大陆的开垦，河川的通航，仿佛用法术从地底下呼唤出来的大量人口，——试问在过去哪一个世纪能够料想到竟有这样大的生产力潜伏在社会劳动里面呢？”[2]

当然，这种现代经济增长并非是各个国家和地区所共享的，它最初只发生在英国为代表的西欧社会，逐渐扩散到美国、日本等地区。全球的不同地区能否进入现代经济增长、何时和以何种方式进入现代经济增长、进入现代经济增长后的表现，都表现出极大的

---

❶ 艾瑞克·霍布斯邦（1997）：《革命的年代》，麦田出版社，第43页。转引自金观涛（2010）：《探索现代社会的起源》，社会科学文献出版社，第23页。

❷ 马克思、恩格斯（1848）：《共产党宣言》，引自《马克思恩格斯选集》第一卷，人民出版社1995年版，第277页。

差异。在农业社会时期，中国人均GDP的绝对水平曾经处于全球的领先地位，但同时也长期处于停滞增长的状态，陷入所谓传统社会的“高水平陷阱”[1]，在近代则逐渐被西方社会所超过[2]。

与传统社会相比，工业革命后出现的现代经济增长与以前的经济增长模式有根本性的不同，它的主要推动力主要来自大规模工业生产方式对于农业生产方式的替代。此外，就现代经济增长自身而言，也经历了根本性的变化，即由“大规模投资拉动经济增长的类型”逐渐转向由“全要素生产率增加推动经济增长的类型”。库兹涅茨等经济学家发现了一个重要的现象[3]，**即从19世纪末20世纪初开始，全要素生产率在主要资本主义国家的经济增长扮演了越来越重要的作**

---

❶ 与其他传统社会相比，传统中国的经济社会发展曾处于相对较高的水平，然而却一直无法突破原有的模式而进入现代经济增长的阶段，马克·艾文于1970年代提出中国的“高水平陷阱说”，从人口、土地、古代科技发展水平的相互关系，来探讨中国传统社会的停滞发展问题。参见Elvin, Mark.(1973): *The Pattern of the Chinese Past: A social and Economic Interpretation*, Stanford, CA: Stanford University Press.

❷ 世界各国经济长期发展状况的比较，尤其是中国与西欧发展水平的比较，参见麦迪逊（2003）：《世界经济千年史》，北京大学出版社，第29～33页；彭慕兰（2003）：《大分流：欧洲、中国及现代世界经济的发展》，江苏人民出版社。

❸ 库兹涅茨（1966）：《现代经济增长：速度、结构与扩展》，北京经济学院出版社1989年版。

用，全要素生产率在经济增长的贡献逐渐占据了压倒性的地位（参见表2.1）。

表2.1 西方发达国家全要素生产率对经济增长的贡献❶

	Income share of capital	Average growth rate per year(%)				Contribution of TFP(%)
		Labour productivity	Capital-labour ratio	Contribution of capital	TFP	
	β	*G*(*Y*/*L*)	*G*(*K*/*L*)	β*G*(*K*/*L*)	*G*(*A*)	
	(1)	(2)	(3)	(4)=(1)×(3)	(5)=(1)–(4)	(6)=(5)/(2)
USA(Private GDP)						
1. 1800–55	0.34	0.4	0.6	0.2	0.2	50
2. 1855–90	0.45	1.1	1.5	0.7	0.4	36
3. 1890–1927	0.46	2.0	1.3	0.6	1.4	70
4. 1929–66	0.35	2.7	1.7	0.6	2.1	78
5. 1966–89	0.35	1.4	1.8	0.6	0.8	57
Japan(Non-primary private GDP)						
1. 1888–1900	0.33	2.1	5.7	1.9	0.2	70
4. 1900–20	0.39	2.7	6.1	2.4	0.3	11
3. 1920–37	0.43	2.3	2.8	1.2	1.1	48
4. 1958–70	0.33	8.2	11.6	3.8	4.4	54
5. 1970–90	0.28	3.8	7.4	2.1	1.7	45

表2.2 苏联全要素生产率对经济增长的贡献❷

	Income share of capital	Average growth rate per year(%)				Percentage contribution of TFP(%)
		Labour productivity	Capital-labour ratio	Contribution of capital	TFP	
	β	*G*(*Y*/*L*)	*G*(*K*/*L*)	β*G*(*K*/*L*)	*G*(*A*)	
	(1)	(2)	(3)	(4)=(1)×(3)	(5)=(2)–(4)	(6)=(5)/(2)
Ofer(GDP)						
1. 1928–40	0.38	2.5	4.7	1.8	0.7	28
2. 1950–60	0.38	4.5	7.5	2.9	1.6	36
3. 1950–70	0.38	3.5	5.3	2.0	1.5	43
4. 1970–80	0.38	1.7	5.0	1.9	–0.2	–12
5. 1980–5	0.38	1.3	4.7	1.8	–0.5	–39
Yoshida(NMP)						
3. 1950–70	0.33	5.2	6.9	4.1	1.1	21
4. 1970–80	0.58	3.6	6.7	3.9	–0.3	–8
5. 1980–7	0.59	3.4	5.6	3.3	0.1	3

例如在表2.1中，1855～1890年美国的全要素生产率年均增长0.4%，对经济增长的贡献率仅为36%，而到了1890～1927年，全要素生产率的年均增长率达

❶ 转引自 Hayami etc（2005），第152页。

❷ 数据来源：Ofer（1987）和Yoshida（1990），转引自Hayami etc（2005），第155页。

到了1.4%，对经济增长的贡献率为70%[1]。与此相对比，苏联尽管为1950～1970年全要素生产率年均增长能达到1.5%，贡献率为43%，但1970年以后全要素生产率呈现不增反降的局面，经济增长只能依靠更多的要素投入。速水佑次郎（Yujiro Hayami）将上述两种增长类型分别称之为“**马克思类型的现代经济增长**”和“**库兹涅茨类型的现代经济增长**”，并对两种增长类型作了详细地区分和对比，指出两种增长类型的根本不同在于“全要素生产率对经济增长的贡献存在着本质的区别”（参见表2.1和表2.2），而全要素生产率之所以能够不断提高，重要原因在于技术的进步[2]。

在马克思类型的现代经济增长中，就像马克思所指出的：“伴随着在愈来愈多的生产环节中用机器来代替手工劳动，各个生产部门的资本有机构成不断提

[1] 数据来源：Abramovitz（1993），转引自速水佑次郎（2003），第143页。

[2] 虽然在理论上可以将经济增长归于劳动、资本以及技术等各种因素，而又区分出不同因素对于经济增长的贡献。但也已有一些研究质疑此类方法对于经济增长的解释力。第一，事实上各种因素很难区分，新机器的使用既是资本的投入，也伴随着技术的进步，难以把两者截然两分。对于其他因素的区分同样面临着这样的难题，将劳动、资本等解释不了的因素都归之于“全要素生产率”，缺乏对经济增长的真正有效解释。第二，经济增长与人力资本、人均资本提高、技术进步存在互相促进的关系。也就是说，单向的因果关系很难成立，甚至什么是因，什么是果，也值得讨论。经济增长与人力资本、人均资本提高、技术进步更多呈现出一种相关关系（或者局部性的概率关系），而非明确的因果关系。

高，从而将导致整体社会平均利润率的不断下降。”换言之，由于现实经济运行中资本等各种要素投入的边际回报是递减的，一个经济是难以依靠资本等各种要素的大量投入而获得持续的高增长。而库兹涅茨类型的现代经济增长之所以能够持续，根本原因在于技术进步所带来的全要素生产率的不断增加。

二、经济学理论对现代经济增长的解释：从资本到技术再到制度

现代经济增长的出现导致人类社会发生了天翻地覆的变化，而不同国家在经济增长上的表现又呈现出如此巨大的差距，因此早期的古典经济学家们对这个议题表现出了极大的兴趣，进行了各种的研究，提出了不同的学说，最具代表性的显然是亚当·斯密在1776年出版的《国民财富的性质和原因的研究》[1]（即通常所称的《国富论》）。

[1] 亚当·斯密（1776）：《国民财富的性质和原因的研究》，商务印书馆1972年版。

然而一方面由于如前所述，现代经济增长的模式在资本主义国家的发展过程中经历了根本性的变化，而这些变化是斯密、马克思等早期的经济学家所没有看到或未曾意识到的。另一方面，对于现代经济增长开展**真正的形式化分析**，还要有待于经济学理论对相关的数学工具的吸收和采用、国民经济统计和核算体系的建立和完善、相关国家统计数据的收集和整理。

因此，所谓现代意义上的经济学理论对于经济增长的关注开始于20世纪50年代中期，这一波热潮的结果是以“索罗模型”（Solow Model）为标志的传统增长理论的出现[1]。**传统增长理论认为经济增长主要源自物质资本的积累，因此如何提高储蓄率、加快资本积累被认为是推动一国经济增长最为关键的因素**。

传统增长理论正确地指出了资本积累在一国经济增长尤其是早期发展中的重要作用，但由于资本积累的边际收益会递减，所以传统增长理论很难回答为什么发达国家的经济会出现持续稳定地增长，为什么发达国家和发展中国家的发展水平差距在不断拉大；也

[1] 参见琼斯（2002）：《经济增长导论》，北京大学出版社；赫尔普曼（2007）：《经济增长的秘密》，中国人民大学出版社。

无法有效解释为什么全要素生产率会逐渐成为现代经济增长主要源泉等一系列问题。可以看到，新古典增长理论（即传统增长理论）对于上述马克思类型的经济增长的解释是强有力的，但是它对于后期的库兹涅茨类型经济增长的解释却失之薄弱。

从20世纪80年代中期开始，罗默、卢卡斯等一批经济学家开始将规模报酬递增、不完全竞争、人力资本等因素引入经济增长模型，着力解释技术进步和创新在经济增长中究竟如何发挥作用，从而产生了以“**内生增长模型**”为代表的现代经济增长理论。经济学家探讨了为什么技术进步和创新能够带来持续的现代经济增长，诸如“外部性”、“报酬递增”、“干中学”等因素被引入到相关的增长模型中，从而使得经济增长理论在理论的严格性和对现实的解释力方面前进了一大步。

与此同时，人们逐渐关注“技术进步和创新是怎么发生的，它又怎样被运用到经济活动中”？因为“**技术自身的不断进步**”和“**技术的进步被无限运用于社会而创造出财富**”是两件具有根本区别的事情。单单只有技术的进步，并不一定能带来经济的持续增长；只有将技术无限运用到整个社会的生产生活中，一方面技术的运用推动社会的发展进步和经济的持续增长，另一方面现实社会发展的需要也带动了技术的进一步提高；技术进步与社会发展的深度融合，才是现代经济获得持续增长的根本动力。正如库兹涅茨所言，现代经济增长的本质特点是“**科技被广泛地用来解决经济生产问题**”。西方世界能够率先实现经济的起飞和持续增长，不仅仅是因为它拥有了更高的技术水平，更由于它在人类社会的历史上首先塑造了一个“科技可以无限运用于社会而创造财富的环境”。

可以看到，现代经济增长不仅依赖于技术的进步，更依赖于将技术进步无限运用于社会而创造出财富，后者就是通常所理解的**创新，即用知识（主要是科技知识）创造财富的过程**，而这个过程能否实现，有赖于整个社会的一系列制度[1]安排。因此，“哪些环境和制度因素会有利于技术进步和创新、以及有利于发挥技术和创新在经济中的作用”成为经济学家在解释现代经济增长中所需要面对的重要问题。这样，

[1] 广义的制度包括规则、信念和组织，本书中的制度定义将不涵盖信念和组织，而是指正式和非正式的规则，前者包括法律制度、产权制度、合同等；后者包括规范、习俗等。参见青木昌彦（2001）。

社会、经济和政治等**制度环境**进入了经济增长理论的研究视野。经济学家们分析法律、产权、契约等各种制度因素对于经济增长的影响，越来越重视制度对于资本积累和技术创新的激励作用。随着博弈论、历史计量学等方法的引入，当前对于“制度如何对经济增长产生影响”的研究正处于方兴未艾的阶段[1]。例如诺斯等人提出了“开放准入秩序”（open-access order）的建立对于经济持续增长的重要性[2]，而近期阿西莫格鲁等人（Acemoglu，etc，2012）在其著作《为什么有的国家会失败：权力、繁荣和贫困的起源》一书中，认为一个国家的制度是汲取型（extractive）还是包容型（inclusive），对其长期经济增长有着决定性的作用[3]。

然而，对经济增长原因的探究并没有完结，人们继续要问：**“那些有利于经济增长的好制度又是如**

---

❶ 参见赫尔普曼（2007）第101页~128页。

❷ North, Douglass., Barry R. Weingast, and John Wallis.(2009): *Violence and Social Orders: A Conceptual Framework for Interpreting Recorded Human History*, New York: Cambridge University Press.

❸ “汲取型”是指社会中一小部分人的财富增长以其他大部分人为代价，经济增长的好处更有益于这部分人群而很难惠及大多数人；“包容型”社会则与“汲取型”社会相反，绝大多数人都能够在经济增长中受益。参见Acemoglu, Daron., Robinson, James (2012): *Why Nations Fail: The Origins of Power, Prosperity, and Poverty*, New York: Crown Publishers.

何产生的？为什么一些国家能够拥有这些好制度而另一些国家却不能？”在经济学家看来，西方世界之所以率先兴起、获得高速的经济增长，是因为西方社会最先在制度上做出安排，成功地确立了现代产权（包括财产权利、知识产权等）和保证契约执行的法治规范，使得“个人的经济努力所得到的私人收益率最接近社会收益率”，从而激励产生了有效率的经济组织并最终推动了经济的增长[1]。而对于制度是如何演进，经济学家更愿意将其看作是“个人或组织在特定环境下基于理性决策所不断进行博弈的结果”。例如市场制度如何产生，经济学家多从**减少交易成本**、降低信息不对称程度的角度加以解释，将市场制度的产生和演变理解成为个人和组织不断进行理性选择的结果，即所谓的自发秩序不断演进的产物[2]。

需要指出的是，现代经济增长理论的不断演进，并不意味着后面的理论就全面超越了前面的理论，更不是说后面的理论结论就比前面的理论结论就更为正

---

❶ 参见诺斯等（2009）：《西方世界的兴起》，华夏出版社，第6页。

❷ 哈耶克认为市场秩序是自发秩序的最好例子之一，即它不是任何人有意识地创造出来的。参见哈耶克：《法律、立法与自由》第1卷，第42页，转引自甘布尔（2005）：《自由的铁笼：哈耶克传》，江苏人民出版社，第65页。

确。正如托马斯·库恩在其名著《科学革命的结构》中所指出的："**科学中的进步并非通往单一真理的简单直线。一个新理论之所以被选择来取代旧理论，与其说是因为真，还不如说是因为一种世界观的改变。我们所说的进步，体现去追求更为恰当的世界观念，和更为融洽地与世界互动。**"因此，经济增长理论对于"现代经济增长现象"的不同解释，强调的是同一个极其复杂事物的不同方面，它们之间并非是一种替代关系，而是一种互补关系。

三、从经济增长到社会变迁

综上所述，为了探求现代经济增长的奥秘，经济学家一路从资本、技术再追踪到制度，但一旦开始探讨制度起源和演进时，经济学那种基于理性人假设的解释视角常常会遇到很大的困难、存在着明显的不足。

这里的困难一方面来自经济学理论对于人们的思

想观念、尤其是终极价值[1]**观念难以有效把握。**由于人们在进行社会行动时往往是受主观的愿望所驱使，即任何社会行动背后都有人的主观动机，而这种主观动机通常受到价值观念的支配，这里的价值观念不仅包括理性计算从而使得自身利益最大化的观念（即经济学所依赖的理性人观念），而且包括那些终极关怀所导致的人们应该如何行为的观念（例如秉持怎样的宗教信仰，就会有相应一整套的行为观念），而后者对人们行为的影响往往是更根本的。当然，人们持有哪种终极关怀的信仰，也不同程度地受到经济因素和理性计算的影响，但想要完全从利益计算来解释人们的宗教信仰，却是不可能的，因为**"应然"领域的价值观念无法完全用"实然"领域的利益计算来推出。**反过来，宗教因素在人类社会许多根本制度的起源和演进中，却扮演着决定性的作用。例如通常被认为是有利于现代经济增长的重要制度：法治和私有财产权利，它们的产生和演变都离不开宗教的影响，事实上正是始于11世纪的教皇革命（天主教会引入罗马法传

[1] 所谓终极价值观念，是指对于"人生意义、生命价值和宇宙起源"等终极问题的看法，终极价值观念的产生起源于人类主要文明的轴心时期，在本书第四章中将对此展开详细地讨论。

统）真正奠定了西方的法治传统[1]；而西方私有财产制度的确立同样与宗教因素密不可分[2]。但是在经济学对制度演进的解释中，往往只看到人们基于理性计算做出的选择（这个视角当然也是必要的，但还不够），而终极价值观念尤其是宗教因素的影响，往往是被有意无意地忽略了[3]，或只是被当作外生给定的常量来对待，而在现实中价值观念的演变和制度的变迁两者之间存在着紧密的联系。

经济学解释制度起源和演进所遇到的第二个困难在于对具体历史过程的把握。当代经济学家通常容易犯的一个毛病是用现代社会形成的观念想当然地推衍至过去，将经济学所秉持的一些基本假设不恰当地、过度地用来诠释传统社会。例如个人权利及其相关的制度通常被认为是现代经济增长的基石，正因为个人

---

❶ 参见伯尔曼（1993）：《法律与革命——西方法律传统的形成》，中国大百科全书出版社，本书第五章在讨论西方传统社会时，将对西方法治传统的形成展开更为详细地讨论。

❷ 参见对天主教会如何推动欧洲社会产生个人主义的讨论，福山（2012）：《政治秩序的起源：从前人类时代到法国大革命》，第16章“基督教打破家庭观念”，广西师范大学出版社，第225～236页。

❸ 例如哈耶克基于认识论的角度强调法律制度也是一种自发秩序和自发规则的形成，他对英国普通法的推崇，这无疑是正确和富有洞见的。然而正如历史事实所展示的，宗教因素和国家强制力量在许多社会法律体系的形成中也扮演了重要角色，尤其是对前者的作用，哈耶克的关注却相当不够。参见哈耶克（2001）：《法律、立法和自由》，中国大百科全书出版社。

追求利润无可厚非，市场经济才得以获得正当性并不断拓展。然而，如果从历史的事实出发，可以看到个人观念和权利的产生、以及将个人权利作为市场经济乃至其他社会制度的基石，并非是早已有之、古已有之。在传统社会中，没有现代意义上的个人观念和个人产权，只有家族（集体）观念和家族（集体）产权。人们为单纯追求利润和“为卖而买”来从事经济活动，也只是现代社会的产物和现象。市场经济的发展并不像许多自由主义经济学家所宣称的，只是每个人基于理性计算而产生的自发秩序的扩展，就如波兰尼[1]所指出，“市场经济实际上内嵌在各种政治、宗教和社会关系中”。

简而言之，经济学的视角对于制度起源和演进过程的解释往往是简洁和有力的，也是不可或缺的；但它对于人们思想观念尤其是终极价值观念的把握存在缺陷，不少时候使得它的论断常常流于简单和肤浅；而现代经济学作为当代社会观念演进下的产物，对于历史事实的把握也嫌不足，它对制度起源和演进的解

[1] 波兰尼（2007）：《大转型：我们时代的政治与经济起源》，浙江人民出版社，第15页。

释，不少时候造成对历史事实的误解和歪曲。

因此，当把对现代经济增长的探讨深入到制度的层次时，已经不能再单纯只用经济学的思维方式来加以分析，而是需要借助和结合社会学、政治学、历史学、人类学等多种视角辅以考察；而对现代经济增长的讨论也已经无法只局限在经济领域，而是需要从社会变迁的角度加以把握，这也正是为什么考察中国迈入高收入的过程，需要从现代化转型的角度加以考察的原因。

事实上，正如前面所谈到的，工业革命以来全球不同国家和地区在不同时期能否进入现代经济增长、以何种方式进入现代经济增长、以及进入现代经济增长后的表现，都表现出极大的差异。而不同国家这种表现的差异，不仅与它们近现代的选择和行为有关，也深深受制于其过去所拥有的传统社会模式。正是不同国家和地区在传统时期具有的社会模式和制度安排、加上近现代的选择和行为，共同决定了其当前的经济增长表现。为什么老牌资本主义国家在由“马克思类型的现代经济增长”过渡到“库兹涅茨类型的现代经济增长”，似乎显得更为自然而然、更为顺畅；

但苏联却费尽周折，直到覆灭也未能实现增长模式的转变、走出“马克思类型的现代经济增长”的陷阱。而许多不发达的国家和地区，更是迟迟难以迎来现代经济增长的曙光；这些不同国家和地区看似无可逃遁的宿命，都需要从其传统社会向现代社会进行变迁的宏观框架下加以理解。

四、经济决定论和观念决定论：马克思典范和韦伯典范

一旦从社会变迁的宏观视角出发，事实上已有两大思想流派对于社会整体演进的逻辑进行了深刻地论述，即侧重于经济层面的“**马克思典范**”和侧重于观念层面的“**韦伯典范**”。

马克思认为：“每一历史时代的经济生产方式和交换方式以及必然由此产生的社会结构，是该时代政治的和精神的历史所赖以确立的基础，并且只有从这

一基础出发，这一历史才能得到说明。”[1]由此，经济基础决定上层建筑，生产力决定生产关系，社会演进的动力便是不断变化进步的生产力和相对静止落后的生产关系之间的矛盾，而被压迫阶级反抗压迫阶级的阶级斗争是推动生产关系变迁的根本机制。

韦伯则从资本主义的起源入手，探讨了为什么资本主义会最先在奉行新教伦理的国家兴起，从而引发了思想观念层面的终极信仰对经济社会发展影响的普遍讨论。通过对不同地区的宗教信仰与其经济社会发展关系的考察，韦伯确立了思想观念尤其是宗教信仰对于经济社会发展的决定性意义。换而言之，“并不是只有经济基础才决定上层建筑，上层建筑也能使什么样的经济结构生长出来或生长不出来”[2]。

将博大精深的马克思典范和韦伯典范分别贴上“经济决定论”或“观念决定论”的标签，显然失之过于简单和粗糙，甚至是一种误解和歪曲。更为确切的说法是“这两大学说对于社会整体变迁的解释相对

---

❶ 马克思、恩格斯（1848）：《共产党宣言》，引自《马克思恩格斯选集》第一卷，人民出版社1995年版，第257页。

❷ 顾准（1994）：“资本的原始积累和资本主义发展”，《顾准文集》，贵州人民出版社，第318页。

而言更为侧重经济的因素还是观念的因素”。事实上，韦伯本人就认为“直接支配人类行为的是（物质上及精神上）的利益，而不是理念”，当然他同时强调“由**理念所创造出的世界图像，常如铁道上的转辙器，决定了轨道的方向，在这轨道上，利益的动力推动着人类的行为**”[1]。与此同时，恩格斯也强调“根据唯物史观，历史过程中的决定性因素归根到底是现实生活的生产和再生产。无论马克思或我都从来没有肯定过比这更多的东西……**经济状况是基础，但是对历史斗争的进程发生影响并且在许多情况下主要是决定着这一斗争的形式的，还有上层建筑的各种因素**”[2]。

可以看到，在第一章中对于中国迈入高收入的主流观点，即中国要迈向高收入“主要在于加大技术进步在经济增长中的作用、加快发展方式转变”的判断，以及对于现代经济增长侧重于资本和技术的解释，大致都可以归于“马克思典范”的范畴（值得指

❶ 韦伯（2010）：《韦伯作品集V——宗教与世界》，广西师范大学出版社，第16页。

❷ “恩格斯致约·布洛赫”，《马克思恩格斯选集》第四卷，人民出版社1995年版，第695页。

出的是马克思典范中的观点未必都同意马克思本人的学说，本书将侧重于物质、技术、经济力量对社会变迁作用的理论都归于马克思典范）。而那种认为“中国迈向高收入是要实现价值观念的更新和现代文明秩序的建立”，以及更重视制度和价值观念在现代经济增长中作用的学说，则属于“韦伯典范”的范畴。

无论是马克思典范还是韦伯典范，都在不同侧面给出了社会变迁的规律，为如何分析传统社会向现代社会的演变指明了不同的研究方向，它们的学说对于大量的历史事实均有着很强的解释力和穿透力，当然也存在着各自的不足。在这里需要摈弃的是对不同典范采取“非黑即白”、“非此即彼”的简单态度，以及试图用“因果一元论（causal monism）”的方法来对纷繁复杂的社会变迁加以解释。正如韦伯指出，由于在社会现象中，“意义的问题”扮演着主要的角色，所以在社会科学领域，并没有绝对严格的因果关系，因果关系不过是局部的概率性说明。在社会变迁的过程中，也无法找到严格的决定论，需要采用因果多元论的方法（causal pluralism）对社会变迁过程加以分析，即对一个事件的发生需要用多项原因加以说明，而这些原因的分量轻重，在很多时候也依赖于研究者的价值预设[1]。

总之，对于社会整体变迁这样的宏伟命题而言，“横看成岭侧成峰”，不同的典范从不同的视角给出了各自的学说，“马克思典范”和“韦伯典范”就像拼图游戏中的图块，只有把它们放到一起才能看到关于社会变迁的更完整画面。

五、社会分工和结构演变的视角：斯密—涂尔干典范

在对传统社会向现代社会变迁规律的研究中，事实上除了“侧重于物质技术层面的马克思典范”和“侧重于思想价值观念层面的韦伯典范”外，还有一些学者（如斯密、涂尔干等）侧重从“社会分工和结构演变”的视角加以考察（本书将之称为**“斯密—涂**

[1] “因果一元论（causal monism）”是指用单个因素来解释现象的变化，因果多元论（causal pluralism）则把现象的变化归因于多种因素，参见韦伯（2010）：《韦伯作品集I——学术与政治》，广西师范大学出版社，第77～79页。

尔干典范”），这些研究在早期有着很大的影响，也被后人在不同方面有所继承和延续，但目前与“马克思典范”和“韦伯典范”相比，却似乎尚未得到足够的重视。

斯密在《国富论》开篇，就通过一个脍炙人口的“制针”的例子，指出了“分工”对于劳动生产率增加、以及社会财富增长的决定性意义[1]。事实上，一旦将分工与现代经济增长相联系，就马上会看到，现代社会之所以与传统社会相比，能够有着如此优异的经济增长表现，最为根本的原因和最突出的特征之一就是“**现代社会分工**”的产生。现代社会分工程度之深、之广、之快，都是传统社会分工完全不能比拟和想象的[2]。**现代社会分工的产生，就如同一个原子弹的引爆过程，它不断地裂化和分化，最终爆发出了前所未有的巨大生产力，推动着整个社会的发展和经济增长**。

[1] 参见斯密（2003）：《国民财富的性质和原因的研究》，第一章，“论分工”，商务印书馆，第5～12页。

[2] “现代社会分工”与“传统社会分工”相比，直接表现是分工的深度、广度和速度的巨大差异，背后则是支撑这种以无限深化为主要特征的现代社会分工的相应制度安排和价值观念，“现代社会分工”与“现代经济增长”相对应。

从社会分工的角度来看，机器的发明、技术的进步，既是分工能够深化的原因，更多时候却是分工深化所导致的结果。就如斯密在“制针”例子中所指出的，那些“简化劳动和节省劳动的机械的发明，看起来也是起因于分工”。**正是分工的不断深化导致了相关机器和技术的需求，社会分工自然而然地就把“资本积累”、“技术进步”、“生产率增加”和“经济增长”联系在了一起，成为现代经济增长最为核心的原因之一**[1]。

涂尔干[2]则从“社会关系和结构演变”的角度对现代社会中分工不断深化的现象进行了探讨。涂尔干认为在传统社会中，分工程度比较低，大多数社会成员所从事行业的种类有限，因而具有类似的共同经验和共享信念，这些共享信念将社会整合在一起，所以传统社会的维系是基于共识和信念的相似性，尤其依

---

❶ 马克思同样重视分工对于资本主义经济的重要意义，他明确区分了“社会内部的劳动分工”（社会的分工）和“工场内部的分工”（劳动的分工），并指出两者的根本区别在于支配关系的不同，前者是相互独立的，只承认市场竞争的权威；后者却因为雇佣者和被雇佣者生产资料占有的不同而产生强制性的支配关系。参见马克思：《资本论》第一卷，人民出版社2004年版，第406～426页；孙广振（2015）：《劳动分工经济学说史》，格致出版社，第150～160页。

❷ 参见涂尔干（2000）：《社会分工论》，生活·读书·新知三联书店。

赖于宗教等终极价值观念的一致性。而在现代社会产生了分工深化和社会分化，往往造成基于一致信仰的原有传统社会结构的崩溃，**现代社会的维系更多是基于人们在经济上的互相依赖，社会分工的深化使得每个人都越来越依赖其他人所提供的商品和服务，经济上的互惠互利和生存上的相互依赖逐渐取代了原有的一致信仰，成为维系社会整体运行的最根本原因**。

正如马克思典范和韦伯典范，从社会分工和结构演变视角出发的“斯密—涂尔干”典范，同样也对现代经济增长、社会变迁做出了许多富有洞察力的解释，对完善传统社会向现代社会变迁的理解，是不可或缺的。对于中国迈入高收入的过程，运用“斯密—涂尔干”典范，从社会分工及结构的演变加以考察，同样也是十分必要的。

然而在经济学领域，由于在分析社会分工时遭遇到了数学上的巨大困难，关于分工和专业化对于经济增长影响的研究，逐渐淡出了经济学的主流学派。尽管近年来杨小凯等人用“超边际分析”方法将基于分工和专业化的思想变成可以数学化的决策和均衡模型，发展出相应的“新兴古典经济学”[1]，但要想真正用现代的经济学理论更好地诠释分工和社会结构变化在经济发展中的作用和影响，从而在主流经济学派中占据一席之地，仍然还有较长的路要走。

与此同时，**新兴古典经济学**与当代经济学理论一样，主要是运用理性人抉择的视角来解释分工的产生和深化。在其理论中，分工的深化取决于其所带来的成本收益比较，如果分工带来的好处超过交易费用的增加，则分工得以深化，否则进一步分工就不会产生。只局限在经济学的理性人假设中对社会分工进行探讨，对于“为什么传统社会难以产生现代的社会分工，而现代社会却能够带来分工不断深化”此类问题，所能给出的解释力是相当有限的。因此，应将斯密的学说和涂尔干的学说结合在一起，认识到从**“由一致信仰维持的传统社会”过渡到“由经济互相依赖维持的现代社会”是一种质的飞跃**，它对于现代社会分工的产生和演变有着重要的影响，从而将社会学思维与经济学思维结合起来，以更好地理解分工深化和社会变迁的根本逻辑。

[1] 参见杨小凯（1998），杨小凯、张永生（2003）。

第三章

现代社会分工和多元化社会的产生：一个分析框架

社会机能的再分之增加，或称为“微分法”，在工业上表现为分工、专门技能、知识和机械的发展等形式；而“积分法”，就是工业有机体的各部分之间关系的密切性和稳固性的增加，表现为商业信用的保障之增大，海上和陆路、铁道和电报、邮政和印刷机等交通工具和习惯的增加等形式。

——马歇尔[1]

上一章论述了现代社会分工的产生和深化是现代经济增长出现的重要原因。传统社会向现代社会演变的突出特征是社会分工的不断深化、社会关系的不断调整和社会结构的不断演变，可以采用**“斯密—涂尔干典范”**（即“社会分工和结构演变”的视角）来分

[1] 马歇尔（1890）：《经济学原理》，商务印书馆1964年版，第257页。

析这样的社会变迁。

本章将在理论上阐述“现代社会分工和多元化社会是如何产生的”，**从斯密—涂尔干典范出发，结合马克思典范和韦伯典范，采用系统演化的方法，分析器物、制度和观念层面与社会分工和结构的互动，从而提出一个基于社会分工和结构视角的社会变迁分析框架**，在以后的章节中将再用这个理论框架对古今中外的**历史事实**展开考察，探究它们各自的演变规律，以回答“为什么西方世界能够率先迈入现代分工的多元化社会？而其他国家和地区尤其是中国则在由传统社会迈入现代社会中遇到怎样的困难”等一系列问题。

一、现代社会演进的两个层面：分化与重整

在上一章中，将现代社会分工的产生比喻为原子弹的爆炸，正是社会分工的不断深化，使得专业化水平和劳动生产率不断提高，推动着现代的经济增长和

整个社会财富的快速扩张。然而，上述比喻只是描述了现代社会演进的一个方面，即伴随着分工深化所带来社会结构的不断分化和裂化（即**分的方向**）。与此同时，现代社会的演进还有另一个方面，即社会分化后的各个部分关系的调整和重构（即**合的方向**）。社会分工深化后所裂变出的各个部分，并不真得像炸弹爆炸后一样，成为互相之间没有关系的众多碎片，事实上分工后所产生的各个部分要经历关系的调整和重组，在某种意义上它们互相之间的依赖反而会比爆炸前更为密切、更为稳固。

现代社会不断演进的同时伴随着分化和重整两个方向，社会的“分”与“合”之间是互相影响、互相支持的。**没有分化，整个社会就难以拥有持续的活力和动力；没有重整，整个社会也无法维持共识和稳定，社会就会趋向混乱甚至动荡，最终也不能保障分化的继续进行**。

在一些早期经济学家的论述中，已经明显意识到社会的“分”与“合”两个方面对于社会生产力水平提高的重要性。马歇尔在《经济学原理》中写道“社会有机体的发展，一方面使它的各部分之间的机能的再分部分增加，另一方面使它的各部分之间的关系更为密切”。马歇尔将前者称为“微分法”，即对应着社会分工深化、专业化和专门技能水平的提高、知识积累和机器的发展；将后者称为“积分法”，即指各部分之间的关系的密切性和稳固性的增加，包括商业信用的保障之增大，海上和陆路、铁道和电报、邮政和印刷机等交通工具建立和使用的增加等[1]。

站在传统社会向现代社会变迁的角度，社会演进中“分”的部分不仅包括社会分工的不断深化、以及社会各个功能领域的持续分化，而且是指“**个人**”从传统社会的有机体中“分裂”出来，由此，产生了现代社会中的个人观念和相应的个人权利，它们逐渐取代家族（集体）观念和家族（集体）产权，成为社会构架的基石。与此同时，现代社会演进中“合”的部分则包括从传统社会有机体分裂出来的“个人”一方面再重新聚合成现代（民族）国家，现代（民族）国家由此成为当代最为重要的政治主体之一，为整个社会的维持和融合提供共识、规范、军事国防等重要支撑。现代民族国家的出现同时促进了全球贸易的扩张

[1] 马歇尔（1890）：《经济学原理》，商务印书馆1964年版，第257页。

和全球市场的整合，它是现代社会分工不断演进的根本保障；另一方面，“个人”之间又聚合构建出各种自治团体、并形成相应的公民社会。可见，**“个人、国家和社会”**这些现代概念的诞生，与分工所伴随社会演进的“分”与“合”密切相关。

二、“分支式分化”、“层级式分化”和“功能式分化”

随着社会系统“分化”和“重整”的展开，相应的社会分工、社会关系、社会结构和社会功能也随之演变。从社会系统自身角度来看，**从原始社会到传统社会、再到现代社会，**可用**“分支式分化社会”、“层级式分化社会”和“功能式分化社会”**三种类型来加以描述。与此相对应，这三种社会则分别有“分支式分化（segmentary differentiation）”、“层级式分化（stratified differentiation）”和“功能式分化（functional differentiation）”三种主要的分化类型[1]。

“分支式分化社会”即由家庭、部落等小型社会单位自我复制而成的社会。涂尔干用“分支”一词来描绘社会中自给自足、自我防卫的基本单位，就如蚯蚓的分段，这样的社会分化以添加新的支系而使社会获得扩展，但没有集中的政治机构，也没有各个支系之间依赖和团结的增加，各支系可以为共同目的聚在一起（如战争），但各自之间并不依赖对方以获生存[2]。分支式分化造成的只是量的扩张，没有质的变化，它很难发展出更为复杂的社会结构和社会关系，也无法承担更为精巧的社会功能，更不可能有较深程度的社会分工。

“层级式分化社会”是由不同层级、且层级之间有明确等级关系构成的社会。层级式分化则是指整个社会不断被分化成各个不同的等级。层级式社会的产生是人类社会系统的质的飞跃，它的背后是主要文明

---

[1] 此三种社会类型，由德国社会学家卢曼（Niklas Luhmann）在其社会系统理论中所提出。参见G. Kneer, A. Nassehi (1998),《卢曼社会系统理论导引》，巨流图书公司，第181页。

[2] 福山（2012）：《政治秩序的起源——从前人类时代到法国大革命》，广西师范大学出版社2014年版，第55页。

轴心时期超越突破产生的各种终极价值观念[1]，产生了集中的社会管理和复杂的社会统治体系，建立了传统意义上不同类型的国家机器。由此社会生产力大幅提升、社会财富不断积累、社会的规模和水平日益增长。与此同时，层级式社会的形成伴随着巨大不平等的出现，社会中不同等级之间存在着明显和固化的差距，社会结构呈现金字塔形状，社会中的绝大部分人处于底层，而处于社会上层的一小部分人支配着社会的主要权力和财富，代表着社会的文化和艺术水平。

层级式分化社会中社会分工的深度与广度与分支式社会相比，已经完全不可同日而语，但这种社会分工是与社会层级相匹配的，受到已有社会关系和社会结构的制约，因此社会分工的深化一旦达到层级式社会所规定的极限，就不得不停止下来。层级式社会中的社会分工不能无限地深化和扩展。

这里典型的例子是印度传统的层级式分化社会，印度的种姓制度将社会区分为不同的等级（四大阶层为祭司的婆罗门、武士的刹帝利、商人的吠舍和农民

---

[1] 关于“主要文明的轴心时期”，指公元前800年至200年，参见雅斯贝斯（1989）：《历史的起源和目标》，华夏出版社，第7页。在本书第四章讨论传统社会时将对此展开更为详细的论述。

的首陀罗，在四大阶层下又不断分化，细分至数百上千个等级），处于不同等级的人从事不同的行业，人一出生就已被确定了毕生将从事的职业，即使同一阶层的人在不同等级下，也需从事不同的职业，不能混淆（例如主持婚礼的婆罗门，不能主持葬礼，因为两者分属不同等级，反之亦然）。一方面，印度的种姓制度使得印度的社会分工高度地分化和专门化，它的社会分工水平较之于一般的传统社会，要高得多；另一方面，印度社会的这种层级式安排牢牢地把每个人的职业固定在自己的种姓等级下，从根本上无法产生现代意义上的社会分工，这也是印度要迈入现代化社会所需要克服的根本障碍之一。

更为重要的是，在层级式分化社会中，社会虽然也分化为政治、经济、法律、文化、宗教等不同领域，但是各个领域没有明确的边界。整个社会是一个**功能泛化**（functionally diffused）的社会，即不同领域的不同功能常常是整合在一起的，一个团体、组织或个人往往身兼社会的多种功能。举例而言，层级式社会往往是信仰和政治合于一体，政权的最高统治者也是宗教的最高统治者（即所谓政教合一）；经济与社会合于一体，即农业社会中家庭或者家族既是社会组织的基本单元，同时也是生产和消费的基本单元。对于传统中国来说，功能泛化的典型例子就是集读书人、地方绅士、家族族长、地主等各种身份于一体的**士大夫**群体[1]。在功能泛化的情况下，处于社会等级上层的群体，常常集社会权力和社会资源于一身，从而凭借自己的阶层地位，在社会的各个领域畅行无阻。极端的例子就是层级式社会的最高统治者理论上可以对其管辖范围内的所有人和所有事进行裁决，即所谓“普天之下，莫非王土；率土之滨，莫非王臣”。

“功能式分化社会”是由不同功能的社会领域、且各个领域之间有明确的界限和规则构成的社会。功能式分化是指全社会分化为不等同的次系统，它们基于与整体系统间的功能关连而彼此区分开来，例如区分为经济、政治、法律、科学、宗教、教育，等等。每个领域都有自己明确的边界，有独立而不同于其他

[1] 金耀基将functionally diffused翻译为“功能普化”，侧重强调士大夫阶层功能的“高度混合”和“非专业性”，这点在韦伯对中国官僚阶层的描述中也得到体现。参见金耀基（1999）：《从传统到现代化》，中国人民大学出版社，第14页；韦伯（2010）：《中国的宗教：儒教和道教》，广西师范大学出版社。

系统的运行机制和运行规则，都为整体社会履行着独特的、不能由其他系统来替代的功能。

值得着重指出的是，“功能式分化社会”的出现并不意味着社会就不存在等级和差距，每个人基于能力和机遇的不同被区分为不同的等级，**从而拥有不同的待遇、资源和权力，这是在任何社会都会永远存在的**。“功能式社会”则指社会不同领域的等级不能混淆，各个领域之间应有明确的界限和规则。举例而言，在教育领域，一个教授的等级要明显高于一个讲师，但这个教授与讲师发生司法纠纷而进入法律领域时，只能遵循法律规则，并不因为是教授就会被赋予更多的照顾。同样，一个成功的大老板，在经营领域明显优于勉强维持的小老板，但他们在一起进入教育领域去攻读在职学位时，并不应该因为大老板在商业上的成功就给予照顾而使其更容易获得学位，考察两者学位论文水平高低也只能遵循学术领域的准则。在“功能式分化社会”，即使贵为国家元首，也只是在政治领域的层级最高者，他在进入其他社会领域时，理论上也必须遵循各自的相应准则，并不能凭借自身的政治权力而在社会其他领域为所欲为。

“功能式分化社会”的出现从根本上打破了“层级式分化社会”中上层阶级在各个社会领域赢家通吃的局面。在社会结构上，“层级式分化社会”转变为“功能式分化社会”，意味着从一元化的金字塔型结构转变成为多元化的网络型结构。而从社会分工上看，“功能式分化社会”推动着现代社会分工的产生，正是在功能式社会下，不同领域获得了自治、独立的发展空间，从而破除了阻碍社会分工不断深化的藩篱，真正开启了波澜壮阔的现代社会分工的局面。

表3.1　不同社会系统的结构、功能、关系和分工

	分支式分化 原始社会	层级式分化 传统社会	功能式分化 现代社会
社会结构	分支型	金字塔型	网络型
社会功能	简单	泛化	分化
社会关系	单一	“血缘、亲缘”	“契约、规则”
社会分工	水平低	一定程度	不断深化

从表面来看，社会分工直接体现为职业或工种数目的增加、以及专业化水平的提高，在任何社会的直接表现形式都是一样的。然而，社会分工水平的高低事实上深深受到社会结构、社会关系和社会功能的影响，社会分工与社会结构、社会关系和社会功能之间

互相影响、互相支撑。原始社会下的“**分支式分化**”是在各个自给自足的基本社会单位下的分工，其社会关系、社会结构和社会功能都较为简单，因此社会分工水平也极其有限，而且几乎没有扩展的空间。传统社会下的“**层级式分化**”在统一终极价值观念的影响下，得到传统国家制度架构的支撑，以家族、行会或种姓等基本社会单位为依托，其社会分工水平与原始社会相比有根本性的提高，从而带来劳动生产率和社会生产力的跃升。然而传统社会的层级式分工受到一元化价值信仰，金字塔式社会结构，血缘、亲缘社会关系和社会功能泛化的束缚，社会分工水平难以得以无限扩展和深化，其分工程度达到一定程度后就会受到限制，也难以带来生产力水平的不断提升。现代社会中的“**功能式分化**”突破了传统层级社会的限制，社会系统在多元价值观念和契约化社会关系的支撑下形成了网络型的社会结构，由此产生了自由进出、界限清晰、规则明确、独立自治的不同社会领域和相应功能，在这样的环境下社会分工真正获得了无限扩展的空间，带来了现代经济增长。

传统社会向现代社会转型，从分工和分化的视角来看，亦即“层级式分化社会”向“功能式分化社会”的演进。在这个过程中，整个社会的分化和重整持续进行，随着社会分工不断深化，同时也发生着社会关系、社会结构和社会功能的深刻变化，**“社会分工深化”、“社会结构网络化”、“社会关系契约化”和“社会功能分化”**分别反映了传统社会向现代社会变迁中社会系统演进的不同侧面。

三、一个基于社会分工视角的社会变迁分析框架

如前所述，中国迈向高收入的过程看作是中国现代化转型中的一环，换言之，中国能否顺利实现迈向高收入国家的任务，本质上是一个中国能否成功完成现代化转型的问题。中国的现代化转型是在西方国家的冲击下逐渐展开的，与所有后发国家一样，中国在展开其波澜壮阔的现代化之旅时，始终面临着一个核心的问题：**“即在西方文明的压力之下，要转型成为一个现代化的强国，什么是不可避免必须改变的，**

什么是一定要不惜代价保留的。”[1]这个问题对于拥有着独特和悠久文明传统的中国而言，尤为重要。纵观中国现代化转型的历史，从器物到制度再到文化，经历过千转百折的历程，这些历程在不同层次上都是试图对上述问题做出更好的回应，以顺利实现现代化的目标。应当说，对于这个问题的讨论，目前尚未完结，它对于中国未来的现代化转型所走的道路，仍具有决定性的意义。

正是在这个意义上，需要引入马克思典范、韦伯典范和斯密—涂尔干典范，并应用于中国的现代化转型过程，以对上述问题做出更好地理解和回答。上述典范的出现，是在人类社会由传统社会向现代社会转型的大背景下所产生的。当西方世界率先进入现代社会时，它带给整个人类的是前所未有、天翻地覆的大变化。而生产力的变化仅仅是由传统社会到现代社会的巨变的一个部分，伴随着科学技术的突飞猛进，人们的思想观念也发生了剧烈的变化。中世纪以来统治人们思想达千年之久的宗教观念动摇了，就像韦伯所

❶ 参见布莱克（1989）：《现代化动力——一个比较史的研究》，浙江人民出版社，第1页。

说“悠悠千年，我们都专一地皈依于基督教伦理宏大的悲情，据说不曾有过二心；不过，我们文化的命运已经注定；我们将再度清楚地意识到多神才是日常生活的现实。昔日众神从坟墓中再度走出来，他们企图再次主宰我们的生命，并且又一次展开了他们之间的争斗”[1]。

事实上，对于率先转型的西方世界自身而言，它们由传统社会向现代社会的演变过程，也是一个在器物、制度和观念各个层面上的全方位巨变。在这个过程中，整个社会原有的价值观念和制度基础都受到剧烈的冲击，逐渐转变以适应现代社会的要求。在这个千年之未有的大转型中，社会的各个方面，包括经济、政治、宗教等都提出了亟待解决的问题。许多伟大的思想家，纷纷提出自己的理论，试图对这个剧变过程加以理解和预测，对社会的迫切问题加以回应、给出相应的解决方案。马克思典范、韦伯典范和斯密—涂尔干典范正是从不同的侧面、基于各自的视角和理论，对传统社会向现代社会的演变进行观察和解

[1] 参见韦伯（2010）：“学术作为一种志业”，《韦伯作品集I——学术与政治》，广西师范大学出版社，第184页。

释。

前面采用斯密—涂尔干典范（即社会分工和社会结构）的视角分析了由传统社会向现代社会的变迁。在这个典范下，现代社会分工的产生是导致现代经济增长的根本原因之一，而现代社会分工的产生，则需要社会系统不断发生分化和重整，逐步由层级式分化的传统社会过渡到功能式分化的现代社会。

然而，要实现上述的社会变迁，只从社会分化的角度加以考察是远远不够的，现代社会分工的出现还需要相应的观念、制度和器物三方面转变的支撑，为此必须结合马克思典范和韦伯典范，从系统演化的观点来看待现代社会分工的产生。

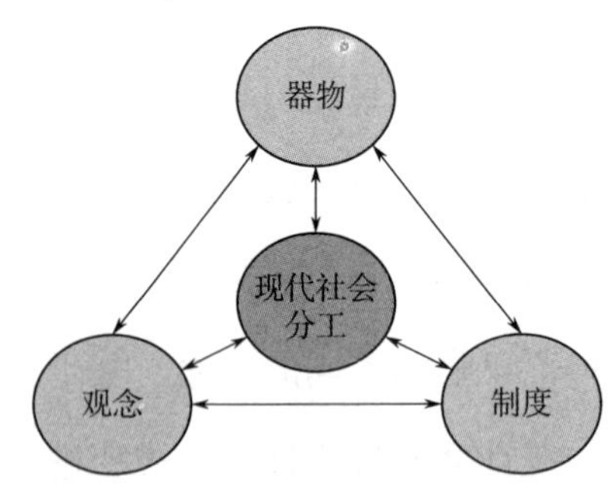

图3.1　现代社会分工与器物、制度和观念：一个系统演化的分析框架

如图3.1所示，从系统演化的角度来看，上述“分支式分化”的原始社会、“层级式分化”的传统社会和“功能式分化”的现代社会都处在不同的系统稳态之中，这些稳态系统分别由“器物”、“制度”和“观念”三个子系统所支撑。

“**观念**”系统为社会提供各种思想观念以指导人们的行为和社会的运行，尤其是社会所拥有的终极价值观念会对人们行为和社会运行产生根本性的影响。与此同时“观念”系统还负责对已有社会制度提供正当性和合理性论述，即观念系统的一个重要功能是提供意识形态以维护现存的社会制度和规则。

“**制度**”系统是观念系统的具体化，社会的观念通常需要规则化、规范化的制度加以体现，从而对人们行为和社会运行发生直接的规范。制度既包括明文规定的正式规则，例如经济制度、法律制度、政治制度等；也包括没有明文规定的非正式规则，例如习俗、伦理规范等[1]。制度的建构并非只是单向地受观

[1] 也有研究按照“规则的起源”将制度区分为“内在制度”和“外在制度”，前者从人类经验中演化出来，体现着过去曾最有益于人类的各种解决办法；后者被自上而下地强加和执行，它们由一批代理人设计和确立，这些代理人往往通过政治过程来获得相应的权威。参见柯武刚、史漫飞（2000）：《制度经济学：社会秩序与公共政策》，商务印书馆，第36～37页。

念系统的影响，制度一旦建立，也会反过来强化已有的观念[1]。

此外，社会现存的制度（尤其是政治经济制度）往往体现着背后的权力和利益安排。因此，在许多情况下，即使器物（生产力水平、物质环境）或思想观念发生变化，已有制度下的既得利益群体（通常也是权力和利益的支配者）也会阻碍对自己不利的制度变迁，从而产生现存制度的衰败（即制度与器物、思想观念不相适应）[2]。因此制度的变迁并非总会随着环境或观念的变化而及时变化，而往往滞后调整，根本制度的变迁经常呈现出突发性、爆破性的特征。

“器物”系统是通常所说社会的物质层面，主要体现在经济领域，它反映着一个社会的经济实力、物质水平和技术能力。“器物”系统是整个社会系统存在和运行的物质基础，“观念”和“制度”系统都需

---

❶ 一个典型的例子是中国的“户籍制度”，它的建立更多是由于在建国之初，农业生产力水平还比较低的时候如何快速推进工业化不得不采取的措施，因为需要利用户籍制度将更多的人固定在农村，以提供更多的农业剩余以推动工业的快速发展。但“城乡二元”户籍制度一旦建立，反过来也对人们的思想观念和以后的制度安排产生深远影响，由于农村生产水平的落后和相应公共基本服务水平的滞后，人们在观念中自觉、不自觉地会将城乡待遇的巨大差异视为理所当然，将农村视为“落后”的代名词。

❷ 参见福山（2012）：《政治秩序的起源：从前人类时代到法国大革命》，广西师范大学出版社，第443～444页。

要附着在“器物”系统上。在马克思典范看来，“器物”层面的变化是导致社会变迁的根本动力，物质基础决定上层建筑，生产力水平（器物）对生产关系（即制度）有着决定性的作用。从历史长程来看（数千乃至上万年的跨度），人类社会发展受生产力水平的根本性影响，一个社会是从事原始生产、农业生产还是工业化大生产，无疑将对其社会系统和组织形式、以及人们的思想观念造成重要影响，马克思典范非常正确地指出了器物层面对于社会系统运行的重大作用。然而就更短的时间尺度来看（数十上百年），生产力水平与社会形式却没有一一对应的关系（即因果一元论或单因素因果论不能成立），决定社会系统形态的，除了器物层面的因素，也有思想、制度等多方面的因素。可以看到，即使同处类似水平的农业生产方式下，西欧、中国、印度等几大文明传统影响下的社会形态和国家形式，存在着巨大的差异[1]。正如

---

[1] 马克思作为西方文明之子，真正深入思考过的，只有西方社会的演进，对于中国、印度等不同文明传统，则缺乏深入的了解，因此在他那里，中国和印度都被归入所谓的“亚细亚生产方式”。事实上，尽管处于类似的农业社会生产力水平，中国和印度在不同终极价值观念的影响下，有着截然不同的国家和社会组织形式。这点从“中国具有数千年的大一统国家的传统，而同时期的印度却很少能够产生大一统国家、多数时期处于分裂小国的状态”就可以明显看出。

韦伯典范所指出的，物质基础影响上层建筑无疑是正确的，但上层基础反过来也可以影响物质基础，一个社会具有什么样的价值和思想观念也会决定着其技术水平的高低，这方面的例子数不胜数，典型的就是“李约瑟之问”，即中国为什么能够在传统社会长期保持相对较高的经济发展水平和技术水平，但到近代以后却落后。例如中国在明朝末年就开始使用威力巨大的“红夷大炮”，但一直到清朝晚期，中国利用火炮的技术却没有多大进步。相比而言，西方世界同期在相关技术水平上却获得了质的飞跃，要解释类似的现象，就不能只在生产力和技术水平里找原因，而必须要将观念、制度和器物结合在一起来考虑。

简而言之，一个社会系统是由观念、制度和器物三个子系统构成，三者之间互相影响、互相支撑，共同形成一个稳定运行的社会系统，而这个社会系统又有着相应的社会分工和社会结构，社会分工和社会结构同时受到观念、制度和器物三个子系统的影响，反过来它们也会对观念、制度和器物产生作用，如同图3.1中，各个子系统之间、子系统与“现代社会分工”之间都存在着双向互动的关系。

在一般情况下，一个社会系统总倾向处于稳态运行的状态中，也就是说三个子系统会互相制约，使得任何偏离稳态的情形难以持续，从而将社会系统的运行拉回到原有的轨道中，观念、制度和器物共同决定着社会的运行模式，也决定了社会分工的程度和生产力增长的表现。

站在系统演化的角度，社会的根本变迁意味着社会系统从一种稳态演进到另一种稳态，它将同时要求“观念”、“器物”和“制度”和三个子系统发生相应的转变，并伴随着社会分工形态的根本变化。

四、用系统演化方法分析现代社会分工的产生

从系统演化的观点出发，从传统社会向现代社会的演进也是从一种社会稳态跃升到另一种社会稳态，它同样需要“器物”、“制度”和“观念”三个子系统均发生相应的变化，以支撑现代社会分工和现代经济增长。

然而，一旦利用系统演化的观点来理解传统社会向现代社会的变迁，马上就会遇到看似无法解决的难题：“**系统演化中的各个部分都发生着双向互动，那么在由传统社会向现代社会的变迁过程中，哪些因素变化在前、哪些因素变化在后、哪些因素是因、哪些因素是果、哪些因素更重要、而哪些因素又相对次要呢？**”可以看到，马克思典范侧重器物层面的变化、韦伯典范侧重观念层面的变化，实际上两种典范各有各的解释力，对两种典范的取舍和侧重，除了历史事实准确和理论逻辑完整的准则之外，实质上更依赖于研究者的主观价值判断，正如韦伯指出“在世界观之间，最终只有选择可言”[1]。

由此，如果再次回到斯密—涂尔干典范，在斯密—涂尔干典范那里，能否出现无限深化和扩展的“现代社会分工”是现代经济增长产生的关键，这种现代社会分工模式的出现有赖于社会系统的分化和重整，而上述社会系统的分化和重整则伴随着现代个人、现代国家和现代社会的产生，需要将这种社会结

[1] 韦伯（2010）：“政治作为一种志业”，《学术与政治——韦伯作品集I》，广西师范大学出版社，第258页。

构、社会关系和社会功能的变化放到系统演化框架下，看器物、制度和观念层面究竟要如何转变才能支撑起功能式分化下的“现代社会分工”。

如前所述，在社会演进的分化方面，传统社会向现代社会的一个根本转变是“**理性化的个人从具有统一信仰的社会有机体中脱出**”，产生了现代的个人观念和个人权利。为什么现代社会“功能式分化”的产生必须基于个人观念和个人权利呢？这是因为从社会分工的角度来看，“**只有每个人才最明白自己适合做什么，也只有充分保障每个人选择的自由和权利，才能达到社会活力和财富的最大化**”[1]。前者意味着个人权利的出现，后者是用相应的社会制度来保障“个人自主权为正当”，在经济政治领域而言，就是现代市场经济制度和民主政治制度的产生。

具体而言，**个人权利**原先由上帝所赋予每个人的自然权利（natural right）而来，但经过天赋人权等观念的演变，逐渐淡化其宗教含义，成为一个普世性、

[1] 此即自由主义的根本理念，参见雅赛（1997）：《重申自由主义》，中国社会科学出版社。

先验性的概念[1]。也是由于西方世界最先倡导个人权利的新教国家（如英国）在经济社会发展的成功，反过来推动了个人权利价值观念的推广。

一旦个人从传统社会的有机体中脱离出来，具有了自由选择的个人权利后，个人追求利润的正当性就被确立，人们参与市场交易的范围和规模迅速扩大，私有产权制度和市场制度等逐步建立，**现代市场经济**得以形成。注意在传统社会也有商品市场交易，但这种交易并非以纯粹追求利润为根本指向，而是在其他社会关系的笼罩之下，因此市场交易的扩张要受到传统社会关系和规则的限制，难以形成单纯“为卖而买”、“无限扩张”、“契约关系压倒一切”为特征的现代市场经济[2]。

从塑造现代社会所需的重整方面来看，个人从传统社会有机体脱离出来只是产生“功能式分化”的一面，现代社会的产生还必须要有重新组合的一面。这

---

❶ 以个人权利为核心的自由主义尤其是经济自由主义理论，在资本主义国家早期的具体实践中遭遇了不平等程度剧烈扩大、普通劳动者在经济衰退或危机时期难以保障其基本生活等一系列困境，因此个人权利的观念遭到了马克思等一批思想家的反思和批判，由此导致了此起彼伏的社会主义思潮和实践，本书以后的章节还会对此展开讨论。

❷ 参见波兰尼（2007）：《大转型：我们时代的政治与经济起源》，浙江人民出版社。

是因为：**每个人不仅有拥有自由选择的个人权利，与此同时他也意识到与他人组成群体、互相帮助构建依赖关系、并建立相应规则的必要性**。在社会重整方面最重要的是现代（民族）国家和公民社会的产生，现代国家将从传统社会有机体解脱出来的个人通过契约的方式重组成一个共同体，现代国家的产生与合法性来自于人民与国家之间的契约，这个契约确定了现代国家必须保障人民的一组基本权利，由此获得了人民授予的包括合法垄断暴力在内的一组权力。由于现代国家的合法性最终来源于人民的授权，因此也必须通过民主的方式来行使每个人的权利。

一个强大国家的出现是社会分工深化的基础，它同时承担着国防安全、维持秩序、执行法律、提供公共服务、进行经济调节等一系列职能，没有强大国家的保障，现代社会分工的实施是无法想象的；而在强大国家出现的同时，个人又要通过民主等有效的方式对国家权力进行制约，以防止国家权力对个人自主权利的限制和侵害，要使国家权力始终被负责任的政府所掌握。

与此同时，个人之间的重组和结合还形成各种各样的社会自治团体和自治领域，由此导致公民社会的产生。如前所述，界限分明、规则明确、功能分化的自治领域的产生，是功能式分化社会得以形成的基础。麦克法兰认为，现代社会的特征在于将“明智的利己主义”与“更大的目标和全社会利益的追求”的融合，它不仅取决于“分工”和“市场机制”（斯密），或“有机团结”（涂尔干），还需要个人之间产生协作，互相生发一种至关重要的强烈情感，这些有赖于公民团队的壮大和公民社会的养成，因此“社团”、“俱乐部”等结社团体构成了英国社会结构的基石[1]。

与此同时，以契约为基础而构建的现代国家，逐步实现了政治和信仰领域的分离，辅之以多元化的自治团体，反过来也促进了宗教信仰自由和社会多元价值观的形成。需要指出的是，在现代社会中政教分离只是表示在公权力领域不再宣扬特定的终极价值观念，宗教信仰等终极观念退回到私人领域，但并不表示社会上主流的终极价值观念的消失，因为即使对于

[1] 参见麦克法兰（2013）：《现代世界的诞生》，上海人民出版社，第159～163页。

维持一个现代社会而言，主流终极价值观念对于社会共识的形成和社会的凝聚仍然扮演着至关重要的作用。

从器物层面来看，现代社会分工的产生伴随着技术水平的不断提高、以及将科技无限应用于各种社会领域尤其是经济生产和消费领域。要实现上述目的，首先要求科学自身的发展需要获得独立的正当性和无限扩展的空间，其次要做到科技与经济生活的结合。前者要求“科学与信仰的两分”，后者则意味着现代市场经济（包括知识产权等相应的经济法律制度）与现代科技的结合。

由于在传统社会中，科学和技术的发展都在现存的信仰和意识形态笼罩之下，并为其服务。因此科技的发展到一定程度后，如果和已有信仰体系和意识形态发生冲突，就会受到限制。因此要从传统社会过渡到现代社会，必须经历一个**理性化**的过程（或韦伯所谓的“去魅”的过程）。所谓理性化是“指人们用技术性的方法和计算来支配万物，而不是诉求于任何神秘和不可预知的力量”。在西方文明传统下，器物层面理性化要做到宗教从科学领域退出，从而产生所谓**工具理性**的扩张，即终极价值的确立还留给宗教领域，但在其他领域尤其是经济领域则由理性计算来主导，由此导致理性原则不仅在科学领域、也在社会各个领域的扩张和应用❶。

在中国文明传统下，主流观念一直对于神秘力量主导的彼岸世界缺乏足够兴趣，即孔子所谓“未知生，焉知死”（《论语·先进》），“子不语怪神乱力”（《论语·雍也》）。因此中国的问题在于科学技术从来都被赋予实用主义立场，缺乏自我发展的意义和独立性，进而也丧失了发展的根本动力和足够空间，在以后讨论传统中国社会时会对此展开更为详细的论述。

“现代市场经济（包括背后的法律等制度）与现代科技的结合”从根本上来看，则表示着“个人权利”和“工具理性”的结合，一方面承认人们在市场上追求利润的正当权利后，带来了一系列相关制度（财产权利、知识产权）的建立，并在经济领域中产

---

❶ 理性化的发展在推动科技和社会进步的同时，也产生了一系列负面的影响，韦伯首先提出了“理性的铁笼”的概念，即理性化的发展最终反而导致对人的自由和创造力的束缚。对于理性化的反思，同样也成为当前西方现代性批评思潮的一个重要方面。

生对科技运用的强大需求；另一方面科学与信仰的分离使得科学领域获得了自身的独立性和发展空间，两方面一结合即导致现代科技在经济领域的无限应用。

至此来简单总结一下，以功能式分化为特征的现代社会在观念、制度和器物三个层面所需的支撑（参见表3.2）。

表3.2 现代社会分工与观念、制度和器物的支撑

现代社会分工	观念层面	制度层面	器物层面
功能式分化（社会分化和重整）	个人权利、契约关系、多元价值、工具理性	现代国家、公民社会、市场经济、民主法治	技术进步、科技的无限应用

现代社会分工的基础是“**个人权利**”的产生，而保障个人权利在观念层面需要“**多元价值观**”的建立；在制度层面有赖于“**现代国家**”和“**公民社会**”的构建，以及在政治经济领域实现“**现代民主制度**”和“**现代市场制度**”。其次，伴随着传统社会有机体的解体，“**契约**”关系取代传统的“亲缘、血缘、家族、行会”等小团体关系成为支配社会运行的根本关系，而“**现代法律制度**”则保障了这种契约关系的执行[1]。最后，现代社会分工深化还依赖于在工具理性

[1] 注意在西方传统社会中也早有法治传统，但法律的背后是上帝的意志。以契约做为法律的基础，是近现代社会兴起后的事情。参见金观涛（2010）：《探索现代社会的起源》，社会科学文献出版社，第37页。

支撑下的科技的进步、以及科技在社会各个领域尤其是经济领域的无限应用。

在以后的章节中，将利用上面的分析框架来考察西方世界怎样做到率先兴起，第一个实现了现代社会分工的不断扩展；而其他后发国家为什么大多数却难以做到成功地效仿，最后再将视野转向中国，从中国长程历史演进的背景下，站在社会分工的视角来分析中国迈向高收入的历程，为什么也将是一个金字塔型社会向网络型社会转型的过程。

第四章

传统社会的形成、结构及分工

各式各样的行业和社会等级是按天命注定的，其中每一种都被分派了神所期望的、或为客观世界的规范所确定某种特定和必不可少的职责，因此，不同的伦理义务都与人们各自的地位连在一起。在这种理论形式中，各式各样的职业各等级被比做一个有机体的组成部分。

——韦伯[1]

在运用“斯密—涂尔干”典范对近现代的西方世界和其他国家地区的社会演变考察前，先来分析现代社会兴起之前传统社会的分工与结构。正如第三章中所提到，根本性的社会变迁是从一个稳态系统跃升到另一个稳态系统，前一个系统对后一个系统的演进

[1] 转引自金观涛：《探索现代社会的起源》，社会科学文献出版社，第41页。

产生着重要的影响，所以要想弄清楚现代社会如何出现，首先必须先明白传统社会的运行是怎样一回事。

此外，更为关键的是，当人类社会从原始社会演进到传统社会时，出现了人类文明的所谓**超越突破**，即人类对生存意义等终极问题做出了跨越时空的思考和回答，从而产生了包括主要宗教在内的几种终极价值观念。**人类终极价值观念一旦产生，则非同小可，从此各种社会历经数千年的演进都将笼罩在它的范围之下，即使现代社会也不例外。**纵然在现代社会的许多国家，更多时候宗教等终极价值观念已经退出前台，但仍然在深层次上影响着不同社会人们的行为模式和社会运行状态。而现代社会只要遇到根本性的重大难题，不同地区、不同时期的人们就会一再返回到传统文明当初的思考和回答，去向过去的伟大思想寻求解决当前问题的智慧。**传统社会是有传统可以继承的社会，而这个传统，最为重要的就是终极的价值观念。**

因此，在本章中先来考察人类如何从原始的部落社会逐步演进、几大文明的终极价值观念如何产生、在这些终极价值观念的支撑下不同类型的传统国家又如何形成，以及在传统社会中的社会分工和结构状况。

一、原始部落社会的演进：基因的力量

从现代生物学和考古学的研究成果来看，**人类在进化过程中，一开始就是以“社会性群体”的形态出现**，而不是后人所认为的“人类起初的自然状态是每个人各行其是，在发展到一定阶段后才展开合作，形成社会性群体。而人类之所以由单个人进入社会，是因为他们作出理性计算，社会合作是达到各自目标的最佳方法”，这种对人类自然状态理解的谬误（即霍布斯式谬误）来源于把近现代以来社会运行的理念想当然地往回推到过去，类似于今天经济学家常犯的错误。尽管个人主义似乎是当今社会经济和政治行为的核心，但那是近现代以来相关制度的建立和演进的结果，是它们克服了人们身上更自然的群体本能。事实上，**人类在自己演进的历史上，逐渐获得发展的是个**

人主义，而不是社会性。要理解人类群体早期发展的行为，显然个人主义不是唯一也并非恰当的途径。人类的灵长目先驱早已开发出广泛的社会合作技巧，社会合作的倾向是人脑与生俱来的[1]。

那么人类群体早期的社会性合作行为又是怎样形成的呢？从生物学的角度来看，最根本的动力来自于**基因**的力量。生物学家早就发现，“生物进化的竞争，不仅是指有机体本身的继续生存，而是指有机体的基因继续生存”[2]。**生物体及其种群的延续，一是要解决自身生存问题；二是要解决繁衍后代问题，从基因的视角出发，就是基因如何维持和传承**。为此，生物学家总结出了生物群体的包容适存性原则（inclusive fitness principle），即“有性繁殖物种的个体，对待亲戚经常是利他的，利他的程度与它们之间分享的基因成正比”。血缘关系更亲近的生物体之间的互相照顾与合作的水平，之所以比血缘关系较疏远的更为紧密，最为根本的原因是它们之间分享基因程度的不同。

---

❶ 参见福山（2012）：《政治秩序的起源——从前人类时代到法国大革命》，广西师范大学出版社，第29～30页。

❷ 参见道金斯（1981）：《自私的基因》，科学出版社。

可以看到，**基于生物性因素所产生的人类群体间的合作关系，是支配人类社会最为根本、最为深远、最为有力的因素之一。**无论社会如何变迁、技术如何进步、观念如何转变，从血缘、亲缘出发的关系总是影响人类行为和社会运行的最重要力量之一。后来国家制度的出现，乃至现代社会的产生，无一不得不需要采取各种制度和措施，来对这种基于生物性因素的关系加以利用或者克制。如何对待和处理这种血缘、亲缘（以及类血缘、亲缘的小团体）关系，始终是各类社会演进必须面对的重大课题。基于血缘、亲缘的个人关系或家族团体关系在社会中扮演怎样的角色，也是影响一个社会分工水平和经济增长表现的重要因素。正如前面所提到，当今中国社会基于亲缘或拟亲缘的个人或小团体关系在社会运行中仍发挥着根本性的支配作用，在某种意义上正是这种生物性的基因力量在产生影响。当然，中国社会基于血缘的个人关系之所以重要，也不完全是生物性因素所导致，它与中国传统社会所秉持的终极价值观念是密不可分的，在下一节中将会谈到这一点。

人类产生合作行为、形成社会性群体的第二个根

本原因是“互惠利他”。所谓“互惠利他”是指与遗传上的陌生人展开合作，互相帮助、互相受益。互惠利他式合作的产生，从经济学上来解释，就是个体理性决策者通过彼此之间长期博弈，逐步建立互动和信任关系，从而克服了社会合作中的“囚徒困境”[1]问题。对此情形最为著名的模拟就是20世纪80年代学者Robert Axelord为解决“囚徒困境”而进行的计算机程序竞赛，最后的优胜程序采用的是“以牙还牙”的策略，即“对方在较早博弈中采取合作态度的，则己方也采用合作态度；若对方采取不合作而赚便宜的，则采取拒绝态度”，由此几番博弈下来，就会产生信任和互相合作的行为。经济学对于“互惠利他”合作行

[1] 所谓“囚徒困境”，即由于证据不足，难以有效指证两个囚犯是否犯罪，而更多依靠他们的认罪，同时又规定，如果两个人都承认犯罪，则各自获刑5年；如果只有一个人认罪，另一个人不认，那么认罪的获刑1年、不承认的获刑8年，如果两个人都不承认，则均获刑2年。由此，每个罪犯都有“认罪”和“不认罪”两种选择。从整体上看，两个人相互合作，都不承认对于他们而言结局是最好的。然而，这个结果依赖两个人之间的信赖程度。单从一个人的角度来看，如果另外一个人已经认罪，那么他认罪获刑5年，不认罪获刑8年，因此他会选择认罪；而如果另外一个人没有认罪，那么他自己认罪获刑1年，不认罪获刑2年，那么他还是会选择认罪，这样基于个人角度的理性选择，会造成两个人都选择认罪，从而导致所谓“囚徒困境”。而要破解这种囚徒困境，则需要两个人之间互相信任对方都不会认罪，即所谓的“攻守同盟”的建立。因此从理性决策的角度来解释，原始部落内合作行为的产生有赖于相互间信任关系的建立，例如在共同狩猎时相信一方获得猎物后不会产生独占的行为。

为产生的解释是简洁有效的，也极富穿透力。

然而**在现实人类群体演化的过程中，不具有血缘关系的群体开展合作的动力更多是基于情感、习俗和信仰，而不仅仅是冷冰冰的利益计算**。这是因为，在漫长的年代中人类经过反复博弈形成的信任关系与合作行为，会慢慢演变成为一种习俗、道德乃至信仰，它在不同的人类群体间产生了类似“生物基因”那样的“**文化基因**”。从而代代相传，不断强化。“文化基因”一旦产生，慢慢就拥有了自身的独立性和正当性，人类就会将价值情感注入其中。因此个人对于他人的诉求和行为，不仅是冷静的理性判断，更多时候是一种即时的情感反应，是基于所谓人的**本能**支配下的行为，正如孟子所言“恻隐之心，人皆有之”，尽管这种本能的情感反应，从根本上来看也是符合人类群体长期生存的理性计算的。

单纯从理性计算的角度来看，随着合作群体的逐渐扩展，互相合作的集体行动便会趋于瓦解。因为在庞大的群体中，越来越难以检测到每个成员的贡献，免费搭车和其他机会主义行为会就变得司空见惯，由此群体之间的彼此信任就难以存在。可以看到，一个单独的黑猩猩群体数目一般只能达到数十的规模，因为它们的认知能力不足以有效克服群体扩大后“囚徒困境”的难题。

人类群体的规模之所以能够不断扩张，并保持着互相之间密切的合作，根本上是有赖于“文化”基因的影响。第一，人类群体在漫长演变过程中，产生了复杂的**语言**系统。复杂语言的出现，意味着人们有了更强的抽象能力，可以用一般性的概念来描述具体的事物。第二，在概念的帮助下，人们可以建立事物与事物之间联系，来解释一些具体的现象，因而人们就具有了构建“**心智模型**”（mental model）的能力，所谓“心智模型”即对不同事物之间建立起因果关系的一种抽象。第三，在“心智模型”的帮助下，人们将一些无法解释的现象归于冥冥中的概念。由此产生了“**原始宗教**”。宗教从本质上是“笃信一个无形的超自然秩序”。早期社会中，原始宗教在由人类群体组织逐渐由简单趋向复杂上扮演着至关重要的作用。没有宗教，很难想象人类社会能得以超越小团体的层次。就从目前的研究来看，还尚未发现没有宗教信仰的原始社会。而且众多的原始社会，都常常拥有类型相似的信仰，例如“祖先崇拜”，它开始由人类的生物性基因所导致，逐渐演变成为一种更具文化性的力量。第四，早期社会中原始宗教的产生，便带来相应的宗教**礼仪**，宗教礼仪是一种关于超自然秩序的模仿和表演，人类在不断执行礼仪的过程中，希望借此获得对自然的主导，最初的礼仪多是人对自然的，然后衍生出人对人的。礼仪有助于加强社会群体内部的沟通，促进团结；同时还可以区分与己不同的群体。第五，礼仪在长期执行的过程中，礼仪本身和支撑它的信念，就会慢慢被赋予极大的内在价值，而变成目的，逐渐演变成为一种具有自主价值的**习俗**和**文化**[1]。

至此，从“语言”、“心智模型”、“原始宗教”、“礼仪”到“习俗和文化”，支撑着原始社会的群体规模不断扩大，由此逐渐产生了第三章中所论述的“分支式分化社会”。在农业等生产方式的带动下，人类社会逐渐由族团层次演进到部落层次。在部落社会里，最基本的单位是分支，支系之间的血缘关

[1] 参见福山（2012）：《政治秩序的起源——从前人类时代到法国大革命》，广西师范大学出版社，第36～38页。

系可以追溯到好多代之前共同的老祖宗。从血缘关系出发，只要追溯到更早祖先，就能建立规模更为庞大的部落组织。

分支式分化社会的基本特征包括：第一，各个分支内部基本都是自给自足的，分支之间发生关系更多是由于暴力和战争。第二，分支之间的血缘亲疏决定了它们各自的关系远近，正如阿拉伯谚语所说："我针对我兄弟，我和我兄弟针对我表亲，我和我表亲针对陌生人。"第三，分支内部尚未存在非常严格的等级关系，更为重要的是，还没有一个具有垄断性的权力来维持秩序。分支内部成员发生纠纷，常常采用在公认领袖或者权威主持下互相协商的方式加以解决，更多遵循的是部落内正义的规则，同时缺乏有效的强制力和执行力。第四，分支内并没有个人财产，财产根据不同类型分属层次不同的血缘团体（亲戚或宗族）。例如土地常归部落集体拥有，个人可以拥有使用权，但不能将之出售，即没有现代意义上的个人产权。

在上述分支式分化社会中，无论是从观念、制度还是器物层面看，都不足以推动社会分工的不断深化。因此，在原始社会中，社会的分工程度非常低下，其生产力和社会财富积累的水平也极其有限。

二、人类文明的超越突破：终极价值观念的出现

如前所述，类似于其他灵长目生物，人类自从一出现就表现为群体性的合作团体。而这种合作的展开，首先是基于血缘关系的生物性基因，其次是基于互惠而逐渐演变产生的文化性基因。而正是后者的根本力量使得人类群体超越了族团层次的规模。

在原始部落社会中，维持部落团结与合作的文化性力量，例如习俗和原始宗教，都是与具体的部落社会密不可分的。也就是说，上述社会的风俗习惯和信仰体系仍然是俗世性的，一旦某个部落社会消失，依附在其之上的习俗和信仰多半也会随之消亡。因此，原始社会的宗教并非是超越具体世俗社会、跨越时空的不死信仰，它们关注的更多是此世如何更好活着的问题，与现世的生活密切相关。

然而，就**在人类社会的演化进程中，逐渐产生了哲学上所谓的“超越突破”（transcendent breakthrough），即人们开始从现世的生活中跳出来，退而瞻远，对“生死、人生意义、宇宙起源”等终极价值问题进行了系统的思考和回答，产生了世界主要文明的几大终极价值观念**。这并不是说原始宗教不思考人生、宇宙、生死等终极问题，但这些宗教的思考和答案是跳不出具体的俗世生活的，只有超越突破后形成的**超越意识**，并由此而产生的**终极价值观念**，才真正能够超越时间和空间的限制。这些观念一旦产生后，就绵延不绝，传承数千年，普照各大洲，至今仍然对不同地区的不同社会产生着深远而又根本的影响。

在韦伯对世界宗教里程碑式的比较研究的基础上，雅斯贝斯把这段世界主要文明产生超越突破和终极价值观念的时期称之为“轴心期”（Axial Period），具体是指“公元前500年左右的时期内和在公元前800年至200年”（或艾森斯塔德所言的基督教纪元之前的一千年内）。雅斯贝斯这样写道：

> 最不平常的事件集中在这一时期。在中国，孔子和老子非常活跃，中国所有的哲学流派，包括墨子、庄子、列子和诸子百家，都出现了。像中国一样，印度出现了《奥义书》和佛陀，探究了一直到怀疑主义、唯物主义、诡辩派和虚无主义的全部范围的哲学可能性。在巴勒斯坦，从以利亚（Elijah）经由以赛亚（Isaiah）和耶利米（Jeremiah）到以赛亚第二（Deutero-Isaiah）。先知们纷纷涌现。希腊贤哲如云，其中有荷马、哲学家巴门尼德、赫拉克利特和柏拉图，以及修昔底德和阿基米德。在这数世纪内，这些名字所包含的一切，几乎同时在中国、印度和西方这三个互不知晓的地区发展起来。

正如雅斯贝斯所言，在轴心时代“产生了直至今天仍是我们思考范围的基本范畴，创立了人类仍赖以存活的世界宗教之源端，无论在何种意义上，人类都已迈出了走向普遍性的步伐”[1]。

[1] 参见雅斯贝斯（1989）：《历史的起源和目标》，华夏出版社，第7～9页；艾森斯塔德（2005）：“轴心时代的突破——轴心时代的特征和起源”，第240～257页，载于《社会理论的诸理论》，苏国勋、刘小枫主编，上海三联书店。

“超越突破”或“轴心突破”这个人类文明演进中独特而又重大的现象，较早是由19世纪初期法国东方学家阿贝尔·雷慕沙（J.P. Abel-Remusar）所注意到，后来19世纪中叶德国学者拉绍尔克斯（Lasaulx）对这个现象进行了历史哲学的反思。在20世纪初，马克斯·韦伯（Max Weber）在对世界各宗教经济伦理的比较上做出了开创性的工作，在其学生帕森斯（Talcott Parsons）的传承下，成为近现代社会学的一支重要思想流派。此后，通过贝拉（Robert Bellah）宗教演化的论著，雅斯贝斯（Karl Jaspers）、艾森斯塔特（Shumuel Eisenstadat）等人的比较文化研究，轴心时代的超越突破现象在人类文化史上的重大意义，越来越开始被一些学者所正视。但同时需要指出的是，由于在历史上，西方主流的学术传统更为侧重从西方中心的角度出发去看待世界历史的发展，有意无意地忽视了非西方地区（例如中国、印度等）其他文明的变化和作用；因此，人类各大文明在轴心时代产生超越突破的独特现象，直至今日也并未引起西方学术主流的足够重视。

艾森斯塔特和史华慈在探讨“轴心时代”的共同

特征时，都强调**超越意识**出现的重要性，和重视超越意识在人的思想上所形成的理想与现实的差距与紧张性，以及由此产生的深度批判意识与反思性。张灏则认为，“轴心时代”的思想特征不只限于超越意识，由超越意识衍生的原人意识，即“一内化于个人生命的趋势，并以此内化为根据去认识与反思生命的意义”，才是“轴心时代”的真正思想创新[1]。

在轴心时期世界主要文明产生的终极价值观念参见表4.1，根据不同终极价值观念是指向“来世”还是指向“今世”，以及是依靠“外部力量”还是“自身力量”来实现这种价值，可以区分为四种不同的终极价值观念[2]。

---

❶ 张灏认为“轴心时代”出现的“超越的原人意识”是对人的体认与反思，不是以某一属于特定阶层、特定种族、特定地方的人或有着特定信仰的人为对象，而是以人的生命本身或者人类的共相为对象，这是人类历史上普世意识（universalism）的萌芽。参见张灏（2006）：“世界人文传统中的轴心时代”，《幽暗意识与民主传统》，新星出版社，第9～14页。

❷ 需要指出的是，我们所关注的是目前仍然在发挥作用（或者说“活着”）的终极价值观念，有些文明（例如玛雅文化或印加文化），已经很难看到它的终极价值观念在当今社会的影响，这些文明可能也拥有过独特的终极价值观念，但却已是“死去”的文化和信仰。我们这里所讨论的传统终极价值观念，并不是只在传统社会产生作用，而是当今社会仍在继承和发展的信仰。

表4.1 世界主要文明终极价值观念的类型[1]

	来世	今世
依靠外部力量	救赎（希伯来宗教：犹太教/基督教/伊斯兰教）	求知（古希腊传统）
依靠自身力量	解脱（印度宗教：婆罗门教/耆那教/佛教/印度教）	道德实现（中国传统）

第一种终极价值观念来自**希伯来宗教传统**，这种信仰认为人生的意义在于**救赎**，即人借助一种无所不在、全知全能的外在神秘力量来达到在来世的永生，所谓"**信上帝、得永生**"。信仰上帝成为人生的终极价值，其他一切价值都从它来推出，上帝既是善的来源，道德来自人对上帝的皈依，服从上帝的教诲（即"摩西十诫"和"山上训词"），也是真的化身（上帝为万物立法），即真善美一体。这种终极价值观念最初来自犹太教。犹太教是一神教，一神教是逐渐从原始宗教的多神教中逐渐演变出来，具有很强的宗教力量，它的教义比绝大多数多神教要严肃得多，有着更为严峻的戒律。犹太教的产生与犹太人颠沛流离的历史过程密切相关。人类早期的各民族受到外族侵略，遭到流徙各地命运的，可以说数不胜数，他们大

[1] 引自金观涛（2010）：《探索现代社会的起源》，社会科学文献出版社，第63页。

多一经流放，民族就消亡了，该民族的信仰也随之荡然无存。这些流亡的民族即使还留有人口，但在长期的流亡迁徙过程中也会逐渐被其他民族同化，于是这个民族也就不存在了，而一个例外就是犹太民族。犹太民族即使在后来颠沛流离的岁月中历经磨难，却始终没有消亡，**犹太教成为数千年来犹太民族延续的最根本原因之一**。

犹太教原始教义强调的是“犹太人是上帝的选民”[1]，因此早期的犹太教只是面向犹太人、而非普世性的宗教。在犹太教向罗马等国的传播过程中，所产生的一个反对派（即犹太教的一支异端）与希腊思想相结合，逐渐演变成面向所有人的普世性宗教，即**基督教**。与犹太教相比，基督教更为强调人的原罪。正因为每个人生下来都是有罪的，而且原罪易使人灵魂堕落，死后也回不到上帝那里，上帝怜悯世人，于是差遣他的儿子耶稣来到尘世，上了十字架，用他的血为世间的凡人赎了罪，从此以后，人只要信上帝和

[1] 在现代犹太教中，并不是对非犹太人封闭的。其他民族、种族的人只要信仰犹太教，经过一定的宗教程序（一段时间的宗教考察等），也可以加入到犹太教。

我主耶稣的道，他的灵魂就可以得救[1]。伊斯兰教又是在基督教基础上的再一次转化，伊斯兰教认为穆罕默德是上帝最后的使者，除了与基督教一样信奉的来世救赎外，伊斯兰教还强调此世的公正。

第二种终极价值观念来自**印度的宗教传统**，它认为人生的意义在于**解脱**，即通过自身的修炼以达到**舍离此世**的目的。最初的婆罗门教把解脱分为不同的等级，人只有通过此世不断地修炼才能在下一世中上升到更高的等级，以最终达到脱离轮回之苦的境地。印度的宗教认为人生的痛苦来自于欲望的产生，而人之所以产生欲望是没有真正认清这个世界本质上是空幻的，因此人只有通过不断修炼才能使得自己的意志不指向任何欲望，以逐步达到解脱的境界。对婆罗门教解脱等级的否定产生了佛教和耆那教，而印度教的出现源于再次用等级和种姓制度对佛教的解脱目标和方法进行改造[2]。

尽管印度宗教与希伯来宗教类似，都信奉来世对

---

[1] 顾准（1994）：《顾准文集》，“希腊思想、基督教和中国的史官文化”，贵州人民出版社，第239页。

[2] 参见金观涛（2010）：《探索现代社会的起源》，社会科学文献出版社，第63页。

人生命价值的终极意义，但希伯来宗教强调的是人对一种外在力量（上帝）的全身心的信赖和依靠，而印度宗教也有神灵（佛祖），但人的解脱却从根本上是依赖内在力量（自身）的努力。

第三种终极价值观念来自**古希腊的文明传统，**它认为人生的意义来自于**求知**，即要追求包括自然知识在内的各种真理。由于知识本身具有外在的客观标准（例如是否符合事实或理性逻辑），因此尽管人们是否选择"求知"作为自身的终极价值是一件主观的事情，但在实现自己的人生意义（即求知的过程）却必须遵循外在的客观规律。在古希腊人那里，"真"成为判断的最高标准和人生的最高价值，其他价值由其推出。例如对于道德实践，在柏拉图、亚里士多德看来，本质上是一个认知的问题，人们能不能实施善行，关键是他们知道不知道什么是善。

第四种终极价值观念来自**中国的文明传统，**它认为人生的意义来自于**道德实现**，即每一个人通过自身的修为去逐步建立起一个人间的美好社会。首先中国人的终极价值观念注重的是今世，正如孔子所强调的："未知生，焉知死"、"未能事人，焉能事鬼”[1]，对鬼神的态度只需“敬鬼神而远之”[2]，人生终极意义的实现应该在、也只能在“此世和人间”，对于现实世界、今生今世的关注始终才是中国终极价值观念的重点。其次，中国文化的终极价值观念强调的是人依靠自身的努力，该做什么、不该做什么，什么是好、什么是坏，根本上依靠人自身的判断，正所谓“己所不欲、勿施于人”，不需要依赖上帝的指引。值得指出的是，中国的传统终极价值观念虽然是指向今世的，但它却仍具有不依赖于具体俗世情景的超越特征，基于终极价值出发，中国的传统观念对从今世的世界应该如何另有一套蓝图设想，从而也形成一种理想与现实的紧张，由此成为指导个人乃至社会的终极关怀。

可以看到，中国的终极价值观念与印度宗教都强调通过人自身来实现终极价值，只不过一个指向今世，一个指向来世。事实的情况是，中国人对于印度宗教的价值观念也最熟悉，宋明理学正是儒家文化借鉴、融合佛教后的产物。而**中国人对于古希腊的求知**

[1] 参见《论语·先进》第十二章，中华书局2006年版，第157页。
[2] 同上，《论语·雍也》第二十二章，第80页。

传统则相对较为隔膜，如前所述，中国人对于知识一向采取实用主义的态度，很难理解“求知”居然可以成为独立自足的人生价值取向，而古希腊的求知精神正是近现代科学的真谛，正是这种求知精神的缺乏成为当今中国科技进步的根本性障碍之一[1]。而**与印度和古希腊的终极关怀相比，中国人最为隔膜的是希伯来的宗教传统**，从上面两个分类的维度看，它与中国的终极价值观念正好截然相反，一个入世一个离世，一个靠自己一个靠上帝。对于大多数中国人来说，非常难以想象可以把自己的人生意义完全地托付给一个所谓全知全能的外在神秘力量[2]。

需要强调的是，这里对世界几大文明终极价值

---

❶ 需要指出的是“求知”终极价值观念与所谓的“科学主义”具有根本性的不同。“求知传统”是指人将追求包括科学真理的知识作为自己生命的最终价值所在，而“科学主义”是认为用科学可以来解决一切问题，包括人的终极价值信仰也可以由科学来推出。在“求知传统”中，并不一定认为科学就是万能的，实际上“求知”传统基于科学可能造成对人类社会危害的事实，反而会对科学主义采取批判的态度。而在“科学主义”中，虽然认为科学是万能的，但并不一定把对科学真理的追求当作人生的终极目标，它更多是对科学采取了实用主义立场。从目前中国的实际情况来看，盛行的是“科学主义”，即迷信科学万能，而缺乏的是“求知传统”，即没有真正的科学精神。

❷ 由于马克思主义是对基于基督教传统的西方现代资本主义文明的一个全面批判，它同样在上述的两个维度上对基督教传统取反，即强调依靠人自身的力量去建立此世的人间天堂，正好在表面上暗合了中国传统价值观念的取向，这在某种程度上解释了为什么马克思主义会在五四新文化运动时期迅速在中国得以传播，并最终成为中国社会的主流意识形态，本书以后章节中会对此展开详细讨论。

的概括，采用的是韦伯所说的“**理想型态**”（ideal type）方法[1]，是指通过纯粹概念抽象所建构的观念模型，它局限在真实的一个或少数几个层面上。上述“救赎”、“解脱”、“求知”和“道德实现”的终极价值观念，是一种高度的抽象，对应于博大精深的各大文明传统而言，不免有以偏概全之嫌，任何一大传统文明，对于人生意义的取向和人生价值的探索都是多方面的，中国文化传统中也存在着对自然界的求知探索，这里的概括更多具有的只是指示性的含义，意在指出各大传统文明中占据主流地位的终极价值观念。此外，目前所用的“求知”和“道德实现”等词语，事实上也是在借用现代观念下的语言，用来指代传承数千年的文化传统，难免产生偏差，容易产生前面所述的“经济学用现代的产权概念来理解传统社会中的产权”之类的错误。例如“道德”一词，其现代意义肇始于康德，意为“纯粹自觉自愿的为他主义倾向”。这个含义与中国传统终极观念的人生价值，有

[1] 参见韦伯（2010）：《韦伯作品集I——学术与政治》，广西师范大学出版社，第82～85页。

着根本的差别[1]，中国的传统价值观念不是单纯为他人，而更多是由己及人而发的。

西方主流学术界对于轴心文明现象的忽视，除了所谓西方中心论的理由外，更为关键的是，在某一个轴心文明和相应的终极价值体系下的人们，通常情况下很难充分地、真正地理解其他轴心文明和价值体系。人们总是在自身所生所长的语境下进行思考和发言，来“由己度人”，在一些终极性问题上难免会对其他文明产生理解上的偏差。正如中国人难以理解在希伯来传统下（如犹太教徒、基督教徒或者伊斯兰教徒那样），居然可以把自己人生中最根本性的意义交付给一个神秘的上帝。反过来也同样，一个在西方传统下成长起来的人，极其难以理解一个人居然可以在追求自身终极价值的过程中不信神、不依赖神。在希腊的传统思想里，那些不信神、无信仰的唯物者，被认为是层次最低、对真理一无所知的“肉体人”；而只有被神的灵所充满的“灵人”（或者“灵知者”），才是能达到最高真理者（韦伯《宗教社会

[1] 参见唐文明（2012）：《隐秘的颠覆：牟宗三、康德与原始儒家》，生活·读书·新知三联书店，第1～5页。

学》，第236页）。

西方文化传统下的人，对于中国文明下所产生的超越突破中最难理解的地方是，既然中国的终极价值观念是指向现世的，那么怎么可能构成超越突破，因为超越的形成一般要求人们拒斥（如基督教）或者舍离（如佛教）此世而寻求来世的救赎（即所谓的彼岸关怀）。即使像马克斯·韦伯这样的大家，以精通各国的宗教而著称，但他对于中国文化传统的理解，尤其是儒家文化的理解，更多也只是从“顺应”现世的角度加以出发，认为儒家文化将它与现实世界的紧张性降到了最低的程度，对现实世界采取了一种无条件肯定与适应的态度；而不像基督教的新教伦理一样，与现实世界形成一种巨大的、激烈的紧张对立（韦伯：《中国的宗教：儒教与道教》，第303～305页）。

事实上，从超越突破的角度来看，这是韦伯对儒家传统一种最为根本性的误解。尽管儒家传统确实强调要入世、去适应现实，但这种入世和适应只是要为改变现世而做准备，因为从儒家的理念出发，对于个人、家庭、社会和国家应该如何，自有一套蓝图；

君子是要去根据这个蓝图通过“修身齐家治国平天下”来改变现实、达成人间美好世界的，所以在儒家的“应然”和“实然”之间，同样也存在着巨大和激烈的紧张对立。儒家传统并不是对现世一味采取无条件接受的态度，而是认为要改变现实，首先要认清现实、接受现实，事实上从孔子开始，儒者们对于现实世界的丑陋、无奈和不尽如人意，早已洞烛于心；然而，真正的儒者是抱持着一种“知其不可为而为之”的大无畏的勇气投身到这场实践中去的，从而在其中实现人生的终极价值和意义。这样的“入世超越”精神确实是在西方“出世超越”文化传统下的人们所难以真正理解的。

总的来看，围绕着人类文明在轴心时代的超越突破现象，会有如下几个问题，“超越突破究竟指什么”“为什么会产生超越突破”“超越突破后具有什么样的影响”。这三个问题博大精深，对它的回答已经远远超出了本书所能涵盖的范围，我们还是着重站在超越突破与人类社会尤其是社会分工关系演进的角度来加以简要探讨。

首先，超越突破的“超越”包括着两层含义：

一是意味着人对动物层次的超越；二是意味着人对现实生活的超越。超越突破所要追问的是“人为什么活着”此类的终极问题。人首先是一种动物，作为生物界的一分子，就像其他动物一样，饿了就要吃、渴了就要喝、困了就要睡，或者说有了生理的欲望就要满足。然而，与普通动物不同的是，人类在精神层面上也会产生强烈的欲求，因为人是有思想的动物，一头猪也许不会思考“为什么要活着”这样的问题，然而对于人而言，这个问题却是任何一个想要认真面对人生的人所不得不加以思考的。因此，超越突破所提供的答案必须是超越人们简单和直接的物欲层次。与此同时，超越突破的回答又必须超越是个人具体的现实世界，因为它是对人类世界终极真实和终极价值的回答，并不完全依赖于世俗生活和具体的时空。结合上面两个层次，超越突破是指人从现实世俗生活中走出来后，追问“人之所以为人”的终极意义，并以此来认识和反思生命的价值，从而规范和指导自身的行为。

其次，对于超越突破为何会产生，可以根据前面所提供的社会系统演化的框架来加以理解，在那个框架下，“观念”的产生是与“制度”和“器物”的演变密不可分的，三者之间存在双向互动的紧密关系。已经有一些学者的研究指出，人类文明之所以会在轴心时代产出超越突破，与当时经济社会条件的一系列变化有密切关系，包括农业生产方式的进步（例如铁的应用、马的饲养、犁耕农业的出现）、商品经济的发展、城市规模的扩张、人们生活水平的提高等等。此外，社会制度的演变也为观念的突破创造了条件。想要巨细靡遗地探讨人类文明何以在轴心时期产生超越突破，“观念”和“器物”、“制度”三者如何互动，哪些因素在前，哪些因素在后；哪些变化是因、哪些变化是果，也无异于操舟在无涯大海，极易迷航。

再次，最为重要的是，一旦人们文明形成超越突破后，会产生何种影响。这种影响最为主要的表现在两个方面，一是对于个人信仰和生活方式；二是对于社会的组织和运行方式。超越突破给出人生终极意义的不同答案，那么人们对于这些答案是信还是不信，是信这一种还是那一种答案，从根本上来看取决于自身的选择。正如圣奥古斯丁所言：“我相信它，不是因为它悖理，而是完全因为它悖理。”然而，一旦人们选择了某种信仰，此种信仰就会对人们应该如何生活会有一整套的规范，即宗教伦理将对人们的生活样式具有一套非常完整和缜密的要求，在根本上影响着人们的生活的方方面面。亦即一旦一个人产生了某种真正的信仰后，他的个人生活的事无巨细、一举一动都要笼罩在宗教规范之下。另一方面，从这种个人生活样式的规范出发，宗教对于整个社会应该如何组织和运行，也会直接和间接地提出要求。宗教信仰与社会制度安排，尤其是所谓的政教之间，伴随着各种宗教取向的不同，有着异常复杂的双向互动关系。例如基督教对待国家的态度，一开始对当时既存的罗马帝国纯然憎恶，后来又对国家完全疏离、消极地忍受武力，一直要到中古教会时期，基督教对国家的态度才有重大的转变，更多地对国家权威以积极的评价[1]。

如前所述，世界主要文明的终极价值观念产生后，就对其后人类社会的演进产生了深远的影响。以后不同国家传统社会的建构、现代社会的兴起，无一

---

[1] 参见韦伯（2010）：《宗教社会学》，广西师范大学出版社2010年版，第275页。

不是在其笼罩之下。同样重要的是，当西方世界兴起后，其他国家均受到影响和冲击，为了救亡图存，不得不开展由传统社会向现代社会转型的探索。在这个过程中，各国所拥有的传统终极价值观念也发挥着根本性的影响。由于现代西方文明是希伯来和古希腊两大终极价值观念结合后的产物，西方社会则建立在基于两大传统的西方文明之上。**本来不同的传统终极价值观念，并无优劣好坏之分，但伴随着西方社会的强大，西方文明中心论和西方文明优胜论的理念不胫而走。其他后发国家和地区所受到的西方冲击，最为根本的是如何应对西方文明的冲击，这里涉及这些国家原有的终极价值观念，如何来借鉴和融合西方的终极价值观念。**因为不同的终极价值观念之间的交流和融合，困难程度是相当不同的，这个难度不仅取决于西方文明的终极价值观念，更取决于后发国家原先拥有怎样的传统终极价值观念。这样，后发国家的原有终极价值观念在对各国的现代化转型中，同样起着至关重要的作用，在以后章节中还会进一步展开论述。

三、传统社会的形成和层级式分化的产生

如第三章所论述，**观念层面**的价值信仰为已有社会系统的制度安排提供合理性和正当性论述，由此秉持何种价值信仰对于现实社会系统有着重要的影响。人类社会群体之所以能够规模不断扩大，从族团层次逐渐演进到部落层次，建立原始的“分支式分化”社会，其中在生物性基因（血缘）关系的帮助下，基于部落习俗、原始宗教的文化性力量扮演着至关重要的作用。而**人类社会一旦产生了跨越时空的终极性价值观念后，又演进到一个与原始社会完全不同的状态，逐渐由“分支式分化”的原始社会进化到“层级式分化”的传统社会。**

终极价值观念产生后，在**制度层面**最为重要的变迁是，由原始部落社会逐渐演变出的**传统国家**，传统国家的各种制度在与各自文明终极价值观念的互动中，互相支持、互相制约，从而形成了各种不同形态的国家形态和社会结构。

传统国家和终极价值观念出现后，所谓的传统社

会也随之形成，它与原来的部落社会相比，表现出不同的重要特征：

第一，在社会系统内产生一致的终极价值观念，这个终极价值观念为国家和其他制度的建立提供合法性基础。这种合法性论证，在有的终极价值观念中是显性的（如中国的儒家传统），有的是隐性的（如基督教传统）。价值观念体系和政治权力体系的结合，有的是合一的（即所谓政教合一），有的是分离的（即不同群体分别享有宗教和政治权力）。

第二，在统一终极价值观念的支撑下，社会系统被整合成一个等级分明的有机体。传统社会的等级比原始社会更为分明，也更不平等，形成了一个层级式的社会结构。与此同时，在终极价值观念的影响下，每个等级也被赋予相应的责任和义务，所谓“各安天命、各守本分、各司其职”，从而整个社会也变成了一个有机的统一体。正如韦伯所言“各式各样的行业和社会等级是按天命注定的，其中每一种都被分派了神所期望的、或为客观世界的规范所确定某种特定和必不可少的职责，因此，不同的伦理义务都与人们各自的地位连在一起。在这种理论形式中，各式各样的职业各等级被比作一个有机体的组成部分”。

第三，国家所拥有的垄断合法性暴力的出现。传统国家的产生，是指在具体的地域内，出现了一个针对特定群体（即本地国民）具有垄断使用合法暴力的组织。这意味着与原始社会相比，传统社会的权力集中程度大大提高，凭借着对国家权力的运用，上层阶级（尤其是最高领袖）所拥有的权力是原始部落社会的酋长或贵族远远不能比拟的。与此同时，国家权力的实现则体现在国家强制力量的产生上，即暴力机构（如军队等），正是这些强制性组织的出现，对维持高度不平等的传统社会秩序发挥着重要的作用。

第四，层级式分化下的分工水平程度大大提高，但最终也会受到传统社会已有价值观念和层级结构的限制。传统社会出现后，在国家力量的影响下，社会信仰一体化、社会规模不断扩张（市场范围随之扩大）、社会整合日益增强、社会结构更加复杂，由此产生了层级式分化下的分工，即与不同社会阶层相联系和相对应的分工，其分工水平产生了质的飞跃，也带动着社会生产力水平和社会财富的显著增加。

然而，等级分明的传统层级式社会，也在根本上限制着分工水平的无限深化。**首先**，在大多数传统社会，每个人的职业选择都受到其所在等级的严重限制，在一些终极价值观念下（例如印度宗教），人一出生就被注定了其所在种姓等级所对应的职业，人们很难拥有充分选择行业和职业的自由，也就制约了社会分工水平的深化。**其次**，传统社会并没有现代意义上的个人权利观念，个人既很难有完全由自己支配的私有产权，传统社会的财产权利更多意义上是族团共有的（即有机体的基本单位，例如家族、行会、种姓、教区等），也缺乏个人追求利润为正当的观念。传统社会的交易关系不仅是利润取向，更多是为维持既有的社会秩序和社会关系（即有许多社会意义和伦理意义）。**再次**，传统社会的支配关系基于各自的终极价值观念，契约关系（即自由主体的自愿缔约）并未获得凌驾其他所有关系之上的地位，个人并不能自由地跨出自己所属的团体与其他人任意签订契约，交易土地、缔结婚姻，等等，更多是团体与团体在发生关系，而非纯粹简单的个人之间的契约关系。**最后**，也许是更为重要的是，在层级式的传统社会，上层等级常常凭借自己权力优势，在众多领域取得支配性的地位，即传统社会的不同领域界限模糊、功能泛化。在这样的条件下，各个领域很难具有充分的自治权力，也无法在此之下展开有效的分工和提升专业化水平。**综合来看**，相比于原始社会的分支式分化，传统社会层级式分化下的分工水平有了根本性的提高，但其分工程度最终会遇到层级式社会的天花板，不得不迟滞下来，而无法产生现代社会那种爆炸式的无限分工，因此对经济增长和社会财富的贡献也是有限的。

人类社会的不同群体在不同地区、不同时间进入传统社会以后，又经历了长达千年的演变，其中的一支在西方世界，于两百多年前率先进入现代社会，开始了现代化的社会分化和分工，实现了前面所述的现代经济增长，为什么西方社会能够最先转型，它又会给世界其他地区尤其是中国带来怎样的影响，这将是后面章节要详细展开的内容。

第五章

西方世界的兴起和后来者

悠悠千年，我们都专一地皈依于基督教伦理宏大的悲情，据说不曾有过二心；这种专注，已经遮蔽了我们的眼睛；不过，我们文化的命运已经注定；我们将再度清楚地意识到多神才是日常生活的现实。昔日众神从坟墓中再度走出来，由于已遭除魅，他们不再表现为拟人的力量。他们企图再次主宰我们的生命，并且又一次展开了他们之间的争斗。

——韦伯[1]

上一章谈到了人类文明演进到传统社会时所表现出的几个特征，一是这些社会有超越突破形成的终极价值观念做支撑，对人们生活方式进行指导和规范，

---

[1] 韦伯（2010）：《学术作为一种志业》，《韦伯作品集I——学术与政治》，广西师范大学出版社，第184页。

并对社会的组织运行方式构成直接或间接的正当性论证。二是整个社会形成了一个等级式的金字塔结构。三是出现了具有垄断使用合法暴力的组织，即国家。四是在以农业生产方式为主导的条件下，社会出现了层级式的分工，社会分工的水平、生产力水平和社会财富都有明显的增长。然而正如在前面所提到的，传统社会的分工受到给定社会机构的限制，不可能无限深化，它的经济增长只能是一种“马尔萨斯”的增长，总产出上有限的增加马上会被人口的增加所稀释，使得人均收入水平在很长时段内只有相当可怜的增加。

在两三百年前，欧洲传统社会中的一支，英格兰开始首先“逃离”了农耕文明的桎梏，进入一个工业的、城市的、科学的社会，出现了“现代经济增长”，随后这种崭新的社会形式，到19世纪中叶已经逐渐扩散到西方世界的大部分地区[1]

为什么西方世界能够率先兴起，或者说现代社会为什么起源于西方，对于这个宏大的问题，众多学

[1] 参见麦克法兰（2013）：《现代世界的诞生》，上海人民出版社，第12～13页。

者已经做出了多方面的探索，相关的文献可谓汗牛充栋，在前面已经谈到，其中侧重从经济层面考察的马克思典范和侧重从观念层面考察的韦伯典范是这些研究中的代表，而本章从侧重社会分工和结构的斯密—涂尔干典范出发，采用前面所提出的分析框架，运用系统演化的方法结合器物、制度和观念三个层面的互动，来对这个问题展开一番讨论。

首先，描绘西方世界转向现代社会之前的传统社会的状态，正如前所述，传统社会向现代社会的变迁是两个稳态系统之间的转变，因此对演变之前西方社会进行一番考察无疑是必要的。第四章已经简单论述了西方世界基于希伯来宗教传统的基督教终极价值观念，本章将结合制度、器物层面对西方传统社会进行更为仔细的讨论。尤其要着重分析现实层面的基督教会制度对西方传统社会演变产生的深远影响。**其次**，结合具体的各国历史事实，考察价值观念的变化如何与制度、器物互动，如何促进现代社会分工的产生，推动西方世界逐步迈向现代社会。**再次**，西方各国率先进入现代社会后，亦非一成不变，而是又经历了惊心动魄地动荡和调整（其中包括两次世界大战和大萧条），最后才逐渐演变到相对较为成熟的状态，呈现出一个目前所看到的西方社会，具有分工不断深化、多元化社会结构和经济发展水平不断提高的现代特征。**最后**，将对后发国家在西方世界兴起的冲击下，如何展开现代化转型进行简要的讨论，重点是论述后发国家构建现代国家的另一个方向的努力，即社会主义的实践。

一、西方传统社会：观念、制度与分工

西方传统社会一般是指**中世纪**时期（Middle Ages）的欧洲封建社会，它从西罗马帝国灭亡（公元476年）一直到东罗马帝国覆灭（公元1453年），延绵持续近千年。在中世纪时期，欧洲处于严重的封建割据，各国之间战争频繁，科技和生产力发展停滞，百姓普遍生活于困苦之中，又伴随着严峻的宗教意识形态压迫和束缚。因此，中世纪尤其是中世纪早期，

常常被认为是“黑暗时代”[1]。然而正是在西方传统社会中，逐渐孕育了现代社会产生的各个因素，对其社会特征进行深入分析，是解答“为什么现代社会产生于西方世界”的关键。

（一）西方传统社会中的教会制度

由于基督教会对于西方传统社会演变有着极其重大的影响，因此先从**西方基督教会的特征、制度和影响**展开分析。第四章中已经简单讨论了西方传统社会所秉持的基督教终极价值观念，即“人的生命价值在于信仰神秘的外在力量（上帝）以获得来世的救赎”。要把这套价值观念传递到每个人尤其是世俗权力拥有者的身上，对他们产生影响甚至是控制，必须要有一套相应的制度安排，这就是教会制度。**西方教会与世界各大宗教相比，是唯一一个相对独立并具有严密层级组织特征（即韦伯所说的科层制体系）的宗**

[1] 19世纪初，浪漫主义运动兴起，为反对启蒙运动的理性主义、以及工业革命造成的对社会和环境的破坏，浪漫主义对中世纪的描述，转变了所谓“黑暗时代”一面倒的负面评价，浪漫主义认为中世纪的社会和环境处于和谐状态，人们扎根于大自然的生活，呈现一派祥和状态。近代以来人们对于中世纪的评价更为趋于公允和适中，“中世纪不是曾经被认为的那么黑，也不是那么停滞；文艺复兴不是那么亮丽，也不是那么突然”。

教组织体系。其他的终极价值观念，要么根本就没有发展出一套自己的组织体系（例如儒家，它完全内嵌在世俗权力架构内，成为世俗权力体系的一个部分），要么有自己的组织架构、但与世俗权力密不可分（例如伊斯兰教），要么虽有自己组织，但组织体系相对松散且与世俗权力保持一定距离（如婆罗门教）。

西方教会这种相对独立的严密组织特性，并不是一开始就具有，而是在历史演变中逐渐形成的。事实上，这里所说的西方教会更为准确的应是西方基督教中的一支，即**天主教**，而另一支**东正教**，并没有做到像天主教那样，能够与世俗权力保持相对独立的地位，东正教更多呈现出政教合一的特征。

天主教教会的独立性是在漫长历史岁月中形成的，中世纪早期的欧洲实际上也具备“政教合一”的特征，即教皇将合法性赋予世俗权力拥有者、而世俗权力拥有者也在指定和罢黜教皇。全欧洲的皇帝、国王、封建领主都在任命主教，也有权力召开教会会议，颁布教会法律。1059年之前的二十五位教皇中，皇帝任命了二十一位、罢黜了五位。教会当局对文官当局的惩罚，欧洲国王都享有否决权，世俗统治者经常委任自己的亲戚担任主教。此外，由于当时主教、教士都可以结婚，经常卷入他们所在地区的宫廷政治。主教和教士又可生儿育女，把教会土地作为遗产传给自己的孩子。与此同时，教会中人士也常担任世俗权力中的政治职位，进一步密切了宗教与政权的牵连[1]。

天主教教会宣告独立开始于11世纪晚期，由当时的教皇格里高利七世所发起，世称“**教皇革命**”。教皇革命一方面在教会系统自身内部推动改革，严禁主教、教士结婚和生儿育女，以及当时的宗教纳妾和圣职买卖；另一方面试图将主教任命权从皇帝手中收回到教皇，由罗马红衣主教来选举产生教皇，并认为教会的地位应该高于政治当局，教皇拥有罢免皇帝的权力。教皇格里高利七世的改革马上遭到了当时的神圣罗马帝国皇帝亨利四世的强烈反对，他意图罢黜格里高利七世，并让自己提供的候选人克雷芒三世成为一位对立教皇。教皇和皇帝之间爆发激烈的冲突（甚至

[1] 福山（2012）：《政治秩序的起源：从前人类时代到法国大革命》，广西师范大学出版社2014年版，第258～259页。

引发局部的战争，格里高利教皇与意大利南部的诺曼国王结成联盟以反对亨利四世），冲突一直延续到格里高利死后，终于在1122年达成**沃尔姆斯宗教协定**。自此皇帝基本上放弃任命教皇和主教的权力，而教会则承认皇帝在一系列世俗事务上的权力，即形成了所谓“**上帝归上帝、凯撒归凯撒**”的宗教与政治相对分离的状态。

西方教会的改革使得宗教组织从与世俗权力密不可分的状况中脱离出来，与此同时又通过教会领地、什一税等制度安排内嵌到现实政治权力中，成为西方传统社会的一支重要的政治力量（尽管是隐性的）。这种宗教与政治的相对独立又互相支撑和互相制约，对以后西方多元社会的产生有着根本性的影响。此外，西方的教会改革还产生了一个极其重要的结果，即天主教在意图加强自身力量与世俗权力对抗时，引入了罗马法传统，从而逐步将教会自身建设成为一种具体现代意义的、等级制的、官僚化的、依法而治的相对独立机构。教会引入罗马法，尽管在当时看来，更多是由于教皇格里高利七世为了加强教会自身独立的需要，试图从法律上找到“支持教会享有普遍司法权的主张”。然而，法治传统被引入基督教的意义非同寻常，它本质上是希腊求知传统与希伯来救赎传统的一种结合，法治传统首先在教会系统得以建立和应用，然后扩展到世俗政府，法治传统的确立对以后西方社会的演进产生了至关重要的影响[1]。

与西方教会法治传统一同发展的还有中世纪经院哲学的兴起和成熟。**中世纪经院哲学的根本特征是将希腊求知中的理性精神引入到希伯来的救赎传统中，即用一种理知化的方法来解决如何信仰上帝的问题**。值得强调的是经院哲学或神学并不是不可以采用理性的精神和方法，它与科学最本质的区别在于“前提预设的不同”。经院哲学首先假定“上帝的存在”，这是毋庸置疑的，个人必须全身心信仰上帝，这个前提是不能采用理性的方法来讨论的，就像韦伯指出，“一个人产生宗教信仰不是因为其悖理，而是因为其完全悖理”。然而在信仰的前提成立下，如何实践信仰却完全是可以采用理性的方法加以讨论的。由于基督教认为上帝为万物立法，那么探求自然界背后的规

[1] 参见伯尔曼（1993）：《法律与革命——西方法律传统的形成》，中国大百科全书出版社。

律也是一种接近上帝的信仰活动。因此对于自然的科学探究获得了强大的精神动力。正如史璜麦丹（Jan Swammerdam）那句著名的宣称“我借解剖跳蚤，向你们证明神的旨意”[1]。一直以来，多数中国人把宗教与科学看作截然对立，即宗教是一种迷信或是鸦片。事实上，宗教尤其是经院哲学所引入的理性精神和方法，在现代西方科学的产生过程中扮演了极其重要的作用。可以看到，正如西方教会引入法治开始更多为了对抗世俗权力，但却为西方社会后来的法治传统奠定了基础。中世纪经院哲学对于理性方法的引入，在开始时也更多为了强化自身的信仰传统，但救赎与理性的结合却为西方现代社会的科学传统打下基础。一旦理性精神突破宗教的藩篱（即工具理性的出现），真正意义上的现代科学就逐渐产生了。

西方大一统的天主教会不仅引入法治和理性精神，使得两大终极价值观念——即希伯来救赎传统与希腊求知传统——得以相互融合。当然这种融合早期是以希伯来救赎传统为主导，希腊求知传统更多是工

---

❶ 韦伯（2010）：《韦伯作品集I——学术与政治》，广西师范大学出版社，第172页。

具意义上的，只有到了现代社会，两大传统才得到各自相对独立的发展空间，真正实现了互相的支撑和交融。此外，由于信仰和教育密切相联，中世纪的西方教会基本上垄断着西方传统社会的教育、文化和学术，学校几乎都是由教会操办。西方最早的大学包括其中的学术活动，无一例外也都是在教会的管辖和扶持下，这也为西方大学的自治传统、以及后来学术相对独立的地位奠定了基础。

综上所述，**一个相对自治、层级化、法治化和理性化的大一统西方教会，对西方传统社会的演变产生着至关重要的影响。某种程度上正如汤因比所言，西方教会才是西方现代社会的母体**。

（二）贵族分治、个人主义、自治城市和社会分工

如第三章所述，传统社会是一个层级式结构的社会。中世纪欧洲的封建社会也不例外，形成了所谓“国王、公爵、伯爵、男爵、子爵、骑士”一套“金字塔”式的层级安排。然而与其他传统社会相比，欧

洲的等级制封建社会又呈现出非常与众不同的特征。

首先，**欧洲各国世俗的政治权力事实上是由国王与各级贵族所分享**。也就是说，不像真正大一统的传统社会（例如中国传统社会），欧洲各国国王手中所握有的权力其实相当有限，如上所述他先要受到教会对其的制约。此外，国王与其下级贵族（公爵）之间通过分封的方式分享权力，即类似于中国的周朝，是一种“分土而治”。但这种分享是通过比较明确的方式来规定国王与下级贵族之间的权力义务关系，即根据显性或隐性的契约来规范双方的权责关系。也就是说在契约管辖范围内，国王拥有对下级贵族的权力，但并不意味着国王在任何领域都拥有至高无上、不能质疑的绝对权力。超出契约范围，下级贵族就拥有反抗的权力。除了国王与贵族之间的直接契约，贵族内部又形成层层分治的关系，即上层贵族又与其直接下层之间有较为明确的契约型关系，这样逐级分解，一直到骑士。每一层贵族只与其直接联系的上下层发生契约关系，从而形成了“我的主人的主人不是我的主人，我的附庸的附庸不是我的附庸”这样独特的欧洲传统社会的组织和治理方式。在这种架构下，世俗权力是高度分散化和碎片化的。就像马克思所说，10世纪欧洲封建社会的特征是：乡村——政权分散化到最底下的一层，一块最小的封邑，其主人是“骑士”或“从男爵”，封邑也就是庄园，其中有身份依附于封建主的农奴[1]。一个个的庄园，构成了欧洲传统社会的最基本单位，“骑士”成为世俗经济生活最低层级的主人。在这基本单位之上，再通过契约关系层层叠加出不同级别的贵族等级，最后直至国王。因此欧洲封建传统社会是一种契约化、权力高度分散化的组织结构[2]。

其次，**欧洲封建社会较早出现了脱离亲戚关系的个人主义传统**。如第三章中所述，基于生物性基因所产生的血缘、亲缘关系一直是社会系统组织和运行最根本的支配性力量之一。在传统社会中，如何有效利用和控制家族关系，以避免使其危害国家制度的建立和国家权力的有效运行，一直是各个传统国家需要面对的难题。从历史经验看，一旦国家力量衰弱，基于血缘关系的家族势力往往就会占据主导性的地位。然

❶ 转引自顾准（1994）：《顾准文集》，贵州人民出版社，第294页。
❷ 参见布洛赫（2004）：《封建社会》，商务印书馆。

而，在西方封建社会中，可以看到的另一个奇特传统是：除了王公贵族在上层还在彼此联姻以加强血缘家族的势力，在社会的基层单位，即上述所说的庄园或封邑中，亲戚或家族已经不能成为社会中支配性的力量。欧洲的封建社会不像是中国的传统社会，其基本单位是一个个的家族，社会的扩张基于家族的联合和放大，基于血缘的家族关系始终是最为重要的社会力量之一。而在**欧洲传统社会，封建主义的本质是指个人自愿屈服于无亲戚关系的他人，仅仅是以服务交换保护**。在最小的庄园或封邑中，由封建领主提供保护和维持秩序，成为一个个某种程度上的自治单位。在这个单位中，家族势力和亲戚关系不是社会团结的真正来源，个人观念逐渐凸显。不像其他传统社会，英国的个人早就拥有了生前任意处置财产的权力，而无需再得到相关亲戚或家族的同意，这一点在其他传统社会是很难做到。欧洲封建主义社会的这种个人主义特征，其形成原因是多方面的。**第一，**欧洲社会早期经历了一系列的蛮族征服和战乱，家族和亲戚关系遭到破坏，难以对个人提供足够保护。**第二，**是宗教信仰的力量推动，在基督教教义中，耶稣宣称，“爱父母超过爱我的人，不配我；爱子女超过爱我的人，也不配我。”（《马太福音》）天主教会对个人主义的支持，一方面是基于强化信仰的需要，另一方面也出于教会自身的物质利益驱动，教会反对“表亲婚姻、纳妾、领养孩子、离婚”，与此同时又支持女子拥有财产，在客观上造成了教徒可以更多地向教会捐出土地和财产。女子有权拥有和处置自己的财产，对教会大有裨益，无子女老寡妇和老处女变成了教会捐献的一大来源[1]。**第三，**来自日耳曼的文化传统，以及随之而诞生的骑士文明。世俗文化（骑士文明）和教会文化（教士文明）两者并存，共同构成了欧洲中世纪文化的特色，也对中世纪欧洲社会个人主义传统的形成有着重要的影响。

欧洲封建社会的第三个显著特点是一批拥有自治权的商业本位城市的形成。欧洲城市的产生更接近于城市的本义，即由市而建城，因此商业贸易的因素在欧洲城市发展中起着更为根本的作用，而在其他传统社会中，许多城市的建立更多是基于世俗权力的需

[1] 福山（2012）：《政治秩序的起源：从前人类时代到法国大革命》，广西师范大学出版社，第234页。

要，例如依据政治权力中心而建。韦伯在比较中国和西方的城市起源时就指出过这点，即中国城市更多是基于政治本位，商业依附在政治之上，而非像西方城市那样更多基于商业本位[1]。此外，欧洲城市继承了古希腊和古罗马城邦自治的精神和传统，一开始就有独立于世俗权力的倾向。欧洲传统社会中大小不同的城市，多多少少都具有一点自治权，城市试图摆脱封建主控制，其主要目标是将它的商业掌握在自己的市民手里。所依据的原则是“只有对本市的自由出过一份力的人才能分享它的特权”。在城市中，不同市民组成商业公会和行会，试图组织起来掌握城市的控制权。14世纪末，伦敦市长是由12个大行会选出的。**欧洲封建社会中的城市自治是通过赎买封建主的封建权利而得到的，通常采用购买特许状的方式**。12世纪末，第三次十字军兴起之际需要额外的现款，款项筹措的重要方式之一是向城市出卖特许状。即城市与封建领主们签订合同，约定城市交纳一笔总款项，或交纳一笔年租以免除他们的种种义务，领主给予城市一

---

[1] 参见韦伯（2010）：《中国的宗教：儒教和道教》，广西师范大学出版社。

纸特许状[1]。逐渐摆脱封建主和王朝控制（即摆脱私人服役制度）的地方自治共同体——城市——的兴起，对于西方社会的演进发生了重要影响。一方面这些基于商业本位城市的建立为欧洲社会的经济贸易增长创造了空间，成为推动欧洲经济社会发展的主要因素；另一方面，自治城市逐渐成为一支重要的相对独立的政治力量，在后来民族国家的兴起过程中，王权依靠与城市的联合来对抗和打击贵族的势力，自治城市在现代国家的形成中发挥了重要作用。

总结以上，**中世纪欧洲传统社会的特征是权力高度分散化**，天主教会掌握着终极价值关怀的推行；世俗权力在统治者之间的分配呈现等级化和契约化，个人主义凸显，商业本位的城市拥有相当的自治权。根据第三章的分析框架，从有利于社会分工的角度来看，欧洲传统社会权力的高度分散化使得整个社会的自由度比较高，有利于社会分工的展开。个人权利的较早确立、法治契约观念的推行、城市行会组织的发展和商业的繁荣，都是推动欧洲传统社会分工不断深

---

[1] 参见顾准（1994）：“资本的原始积累和资本主义发展”，《顾准文集》，贵州人民出版社，第316页。

化的有力因素。然而，有两大根本性的障碍制约着欧洲传统社会产生现代意义上的社会分工。**一是宗教意识的制约**。尽管基督教为西方社会提供了终极价值观念，对凝聚整个西方社会有着重要作用。但与此同时，在这种宗教意识下，不同的伦理义务与人们各自的地位连在一起，在根本上影响着人们的行为模式。所以基督教终极价值观念尽管是指向彼岸世界的，但却隐含地制约着人们在现实世界中的自由选择。在一个统一的终极价值观念下，社会无限分工所需的价值多元化条件难以得到满足的，人们的职业选择不得不受到统一意识形态的制约。同样重要的是，西方教会垄断了教育、文化和学术，在科学和文化发展到一定阶段后，就难免受到宗教意识的束缚，宗教不从笼罩一切的地位中退出来，科学技术就不可能得到充分发展，现代意义上的社会分工也是无法产生的。**二是强大统一国家力量的缺乏**，根据第三章的分析，分工的不断深化同时需要社会的“分”与“合”两个方面。从这个角度来看，欧洲传统社会在一定程度上有利于“分”，但却很难做到“合”，权力分散在一个个基本的采邑内，互相之间难以整合，大范围的市场也很难形成。没有一个强大统一的国家力量做支持，现代分工是无法展开的。而现代意义上的统一民族国家的逐渐兴起，正是推动西方现代社会产生的重要力量，这是下面将要详细讨论的内容。

二、西方现代社会的出现

（一）科学革命、宗教改革、文艺复兴和现代观念的产生

如前所述，基督教既为西方传统社会的建立和运行提供了支撑，但也在根本上也束缚了科学和经济的发展。因此，西方社会要实现向现代社会的变迁和产生现代分工，就需要破除统一的宗教意识形态笼罩社会一切的状态。但绝大多数西方人以之安身立命、传承千年的基督教终极价值观念发生了动摇，对于西方世界而言，这也是千年未有之变局，由此带来观念的转变非同小可，对世俗的社会制度产生了翻天覆地的影响，从而为现代价值观念和现代社会的逐渐产生奠

定了基础。

打破西方教会对于价值信仰的垄断基于一系列的因素。**首先**，科学的发展迫使宗教意识形态不得不日益退缩，哥白尼、布鲁诺与宗教界关于日心说、地心说的争论成为科学与宗教激烈斗争的一个典型象征。伴随着科学知识的发展，尤其是培根将实验的方法引入科学理论的建构后，科学武器中除了理性的逻辑推演，又加上了事实的验证（尤其是实验结果的依据），产生了现代意义上的科学方法和精神。科学的发展突飞猛进，牛顿、达尔文等一批伟大科学家不断涌现，从各个方面逐步拓展和完善了现代科学体系，而在科学不断推进的多个领域，基督教都只能节节败退。**其次**，宗教自身改革的推行，新教的产生认为人们可以直接面对上帝，无需再像传统天主教那样通过教会的层层等级来接近上帝。新教的改革事实上适应了经济社会发展水平提高、以及人们的教育文化程度日益上升的社会变化趋势。**再次**，文艺复兴运动的推动。文艺复兴倡导人们突破中世纪宗教意识形态对人们的过度束缚，要求回到古希腊、古罗马文化传统，实现人的复兴和对人的关怀。

西方基督教终极价值观念在上述各方面因素的冲击下，日益退缩，它直接带来了西方社会普遍的思想危机和混乱，动摇了西方社会稳定运行和人们安身立命的基础，在这样千年未有之变局的大背景下，一批伟大的思想家应运而生，为解决上述信仰危机进行了艰苦的探索，他们的思想成果直接奠定了西方现代社会的价值观念，也为西方世界率先由传统社会进入现代社会扫清了在思想观念上的障碍。这些思想家的代表是**康德**，他在前人研究的基础上，一方面指出了**人类理性的可能性**，真正确立了科学自身无限发展的独立空间；另一方面又指出**人类理性的局限性**，将人的终极价值观念还留给了上帝，从而在哲学上做到了科学（理性）和宗教（信仰）的分离。康德既强调人要用理性来审视批判一切观念和事物，即实现现代意义上人的“启蒙”；又强调“实然”和“应然”的两分，即“事实如何”不能推出“应该如何”，价值判断（好或坏）不能用事实判断（是或否）来推出，人的终极价值信仰根本上只能是个选择的问题。从而在宗教不应束缚科学的同时，科学（理性）也不能僭越宗教的领域。康德确立的真善二分的二元论成为西方现代社会价值观念的基石。从此，以后的思想家无论再对现代社会展开怎样的思考和批评，都需要从康德的思想出发，以至有人声称："在哲学这条道路上，一个思想家不管他是来自何方和走向何处，他都必须通过一座桥，这座桥的名字就叫康德。"[1]

为什么真善二元价值观念的形成对现代西方社会的产生如此重要？这是因为一方面**它为理性（科学）的无限应用拓展了空间**，在真善二元论的支撑下，理性（科学）的运用不再受到宗教意识形态的约束。社会各个方面的组织和运行也需要在理性的支配下展开。所以，韦伯将传统社会的现代化看作一个"理性化"（或"去魅"）的过程，即通过计算来支配万物（而非求助于神秘力量）的精神在整个世俗社会中的运行占据了最重要的位置。另一方面**它为社会多元价值观念的出现和现代意义上的政教分离奠定了基础**。真善两分的一个结果是宗教层面的终极价值关怀不得不逐渐退回到私人领域，也就是说，价值信仰的选择成为一件个人的事情。如此一来，天主教会更加全面地退出世俗领域，政治和宗教的分离更为彻底。尽管

[1] 古留加（1981）：《康德传》，商务印书馆，第121～122页。

基督教的终极价值观念仍然为目前西方世界绝大多数人提供安身立命的信仰，并在凝聚社会共识和维护社会团结方面起着不可替代的作用。但教会已经退到后台，表面上已经与政治权力没有瓜葛，真正实现了现代意义上的政教分离。与此同时，“个人自主为正当”的观念得以真正确立，并成为支配社会运行和国家建构的基础。如前所述，相比其他传统社会，个人权利和个人观念在欧洲传统的出现要早得多，然而整个社会围绕个人权利来建构，却必须是宗教意识形态彻底退出政治领域之后，由此国家被看作是为了实现和保障个人权利而按理性原则建构起来的，这样现代民族国家的兴起就呼之欲出了。

（二）现代民族国家的兴起

由于受到科学革命等一系列因素的冲击，西方基督教终极价值观念逐渐退回到私人领域，传统社会的有机体也慢慢解体。当个人从传统有机体走出来时，马上碰到的问题是回答“我们是谁”。由于传统社会的终极价值观念是普世性的，即不区分地域、时代和人种，人们在传统社会中对“我们是谁”的回答根本上依赖于终极价值观念的支撑，这种观念同时为整个社会的凝聚提供共识。一旦终极价值观念退回私人领域，对“我们是谁”的回答就需要有新的支撑，这时现代意义上的民族主义和民族国家就应运而生了。尤其是对那些后发的国家而言，为了应对先发国家的挑战，民族主义成为凝聚国家力量的最好武器。由于西方传统社会的权力高度分散化，要形成一个强大的国家，王权就必须把分散在教会、贵族、城市、行会等中的各种权力收缴整合起来。在西方教会势力全面萎缩、民族意识觉醒的背景下，欧洲现代意义上的各个民族国家逐渐兴起，经历了一段王权不断扩张、专制或开明专制主义的时期。

以法国为例，它最为经典地展现了王权如何一步步地扩展，从而形成了一个大一统中央集权的国家。**首先**，在官僚体系的帮助下，各级贵族逐渐被国王褫夺了地方上的统治权，政府官员（总督、总督代理等）取代贵族进行地方上的管理，贵族成为只享有免税权的第一居民，贵族堕落为只牢牢抓住经济特权不放的食利阶层，再也无力承担起应有的政治重任而被边缘化，原有贵族统治下的地方自治遂告终结。中央对地方的控制渐渐达到了匪夷所思的程度，距巴黎最远的农村教区要想修补被风刮坏的教堂房顶，也必须获得来自巴黎的御前会议的裁决[1]。**其次**，王权通过御前会议、设立特别法庭等方法来影响和操控司法体系，“凡是涉及公共利益或因解释政府法令引起的争讼，均属于特别法庭的管辖范围，普通法庭只能宣判涉及私人利益的案子”，“任何政府官员，未经事先批准，不得由普通法庭起诉”。政府不断介入司法的领域，从而保护各级的政府官员，“不仅涉及要员，而且涉及芝麻小官，只要与政府有一丝一缕的关系便可以政府之外天不怕地不怕”。**最后**，国王通过卖官鬻爵（在各城市向某些居民出售永久统治他人的权利）的方式逐渐限制了城市的自由。法国各城市的政府到处蜕化为小寡头政治，而要改变这一弊病，只有使地方权力越来越隶属于中央政府。中央政府逐渐控制了城市的一切事物，无论巨细，所有事务都须征询政府主管（总督）的意见，甚至包括公众喜庆活动

[1] 参见托克维尔（1856）：《旧制度与大革命》，商务印书馆1992年版，第92页。

中下令点燃灯火。与此同时，巴黎在中央集权制下吸取全国的精华，迅速极度膨胀，成为法国本身。而其他地方省份则自治权力不断消失，难有活力，萎靡不振。法国大革命前，以国王为核心的御前会议已领导着国家的几乎一切事物，一个大臣（总监）具体操办各种事项，各省由一个官员（总督）来领导一切大小事务，等王权逐渐将传统社会中分散在贵族、教会、法庭、城市、行会等中的各种各样的权力都收归到中央，一个庞然大物般的中央集权制便显露身姿、屹然而立❶。

与法国式的中央集权国家相比，英国在形成现代民族国家的过程中则走出了一条截然不同的道路，在王权与贵族的斗争过程中，英国逐渐探索出了**议会政治**和**宪政民主**的方式。13世纪初期英国的大宪章，开始不过是国王和贵族之间相争不下的一个妥协协议，在其上长出来的议会制度，也只是一株不牢靠的、随时可以摧毁的幼芽，继而经过克伦威尔逐步确立了议会制度的权威，不免还是典型的贵族政治的装饰品，直到19世纪初依然如此，议会制度与普通民众并没有

❶ 托克维尔（1856）：《旧制度与大革命》，商务印书馆1992年版。

直接的联系。然而，议会制度的发展逐渐扩展到普通民众，成为一种复杂精巧的、适合广土民众国家实现民主政治的制度。议会制度最终体现了人民主权的原则，议会逐渐掌握了国家权力，英国演进成为一个君主立宪制的国家。在英国的立宪君主制下，一切治理都以君主的名义来行使，然而君主的个人意志实际上不起什么作用或者完全不起作用，他从每一个人那里受到无限崇敬的表示，可是这决不意味着君主可以有越出法律范围以外的特权和行为❶。

如前所述，现代分工要求社会既“分”又“合”，而欧洲传统社会权力高度分散化的特点有利于“分”不利于“合”，在欧洲民族国家兴起的过程中，社会权力整合的过程得以展开，现代国家制度（包括相应的官僚体系）渐现雏形；然而在国家整合形成的过程中，如何保证个人权利的自主性，却是一个大问题。可以看到，英国首先探索出的议会民主制度，较好解决了现代社会中的“分”与“合”的问题。一方面，英国逐渐成为一个统一的强国，托克维

❶ 顾准（1994）：“僭主政治与民主”，《顾准文集》，贵州人民出版社，第259～267页。

尔盛赞“英国政府集权达到了它可能达到的最高点，国家就像一个单独的人在行动，它可以随意把广大的群众鼓动起来，将自己的全部权力集结和投放在它想指向的任何地方”[1]；另一方面，英国较好地保留了地方自治的传统，有效维护了个人权利和自由。

如果对西方的各个国家的现代化历程展开分析，可以看到尽管西方世界是一个统称，但西方各国在迈向现代社会的过程中实际上有着非常大的差异，这种差异基于各国的自身文化传统和不同的际遇。回溯历史可以看到，现代社会起源于英国，更像是一个偶然中的偶然，而不是从今天的眼光来看，似乎是一种历史的必然趋势。其他西方各国——德、美、法、西班牙等在向现代社会转型的过程中也是各有各的遭遇，跌宕起伏，充满着不确定性。

英国率先进入现代社会后，现代分工所需的各种要素渐渐齐备，现代社会分工也因此展开，带来经济和军事实力的迅速增强，英国也成为全球的霸主。而与其竞争的其他西方国家，法、德等国则不得不面临

---

[1] 托克维尔（1835）：《论美国的民主》，商务印书馆1997年版，第97页。

英国发展的压力，必须向英国借鉴学习，以不同的方式和途径进入现代社会，由此整个西方世界慢慢逐步演进到了现代社会。

三、西方现代社会的调整和社会主义思潮的产生

西方各国进入现代社会后，一方面经济社会获得迅猛发展、西方世界迅速在全球取得统治地位；另一方面，伴随着生产力的巨大释放，西方现代社会也展现出了同样巨大的破坏力，它所导致的问题，从某种程度上比传统社会更为严重、更为深刻，典型的事件就是两次世界大战和一次全球经济危机的爆发。

两次世界大战的爆发对现代民族主义提出了警示。民族主义是现代意义上国家构建的根本力量，尤其是对那些后发国家而言，民族主义是其凝聚国家力量的最好用、也最有力的武器。然而民族主义也是一把双刃剑，缺少了对个人权利和自由的保护，民族主义与国家机器的结合，很容易滑向种族主义，从而对

个人和其他国家构成严重的威胁，这里典型的例子就是德国和日本。相比于英、法，德日属于后发国家，民族主义对于德国和日本迈入现代国家过程中发挥着至关重要的作用，然而在第一次世界大战战败后，基于种族主义意识形态的法西斯主义[1]兴起，为第二次世界大战的爆发埋下种子。

全球经济危机的爆发对以个人权利为基石的自由市场制度提出了质疑，产生了宏观调控和福利国家制度。如前所述，“在不妨碍他人的条件下，认为每个人有权利对自己的信仰和行为做出自由选择”的个人主义理念是现代社会构建和运行的基石。由个人权利出发，直接推出自由市场经济制度的正当性。然而全球经济危机的爆发，深深质疑了这种自由市场制度的合理性，反过来也动摇了个人权利的正当性。在经济危机中，大量普通劳动者失业，无法维持最基本的生活，而传统社会有机体的解体使得每个人成为孤零零的个人，无依无靠，处境凄惨。在经济危机中，自由

[1] 法西斯主义不仅基于种族主义的意识形态，也借用社会主义思潮中诉求社会平等的力量，因此有学者将这种国家机器利用统一意识形态来完全凌驾于个人权利之上的制度统称之为“极权主义模式”。参见阿伦特（1995）：《极权主义的起源》，时报出版公司。

主义原则下的个人权利更像是一种虚妄。经济危机的爆发一方面促进国家对经济干预方式和程度的转变，主张国家进行宏观经济调控的**凯恩斯主义**兴起；另一方面，对于普通劳动者的保护普遍加强，同时在马克思主义批判和社会主义国家实践的压力下，**资本主义福利国家**逐渐建立。

现代社会不平等的加剧引发了社会主义思潮的兴起。如前所述，在传统的层级式分化社会，不同群体之间也有明显的不平等，但这种不平等以传统社会的终极价值观念为支撑，形成所谓“各安天命”的等级秩序。进入现代社会以后，“天赋人权、人人平等”的观念日益深入人心，然而伴随着经济的迅猛增长，社会群体之间形成了巨大的不平等，尤其是在财富上的不平等，以一种比传统社会更为触目惊心的方式展现出来。由此一来，那种强调“个人自主为正当、免于他人干涉”的**消极自由**在推进社会平等方面就显得力不从心，而强调通过公共意志（国家）来保障每个人平等权利的**积极自由**则日益获得影响力。事实上，对于个人权利不同层面的强调，有英美经验主义和欧陆理性主义两大传统，前者以洛克、休谟的思想为代表，更为重视消极自由，将民主视为保护个人自由选择权利的基本保障（所谓低调民主）。后者以卢梭为代表，更为强调积极自由，将民主视为可以实现一种新道德理想的制度（所谓高调民主）[1]。在积极自由那里，个人权利不仅是一种法律保护下的自主性，而且还赋予其道德含义，需要由公共意志来加以实现。由卢梭的思想再往前进一步，马上就推出了以"追求人人平等"为其根本指向的各种社会主义思潮。

真善一元论的重新建构和马克思主义的诞生。如前所述，现代社会的产生导致绵延千年的传统终极价值关怀不得不退回到私人领域，由此带来了一系列严重的问题。对于上帝，从一种不容置疑的信仰降格为一个普通的主观价值选择。价值多元化必然带来价值的相对主义，甚至是虚无主义，"个人对自由崇高的追求"和"个人欲望（甚至是贪欲）的满足"之间失去了明确界限，也难有高下之分。此外，真善两分也必然导致科学（理性）的无限扩张，科学在推动人类社会进步的同时，也对人类文明和生存环境构成严重

[1] 参见金观涛、刘青峰（2011）：《中国现代思想的起源》，法律出版社，第341页。

威胁（例如核武器的发明、对生态环境的破坏等）。而工具理性的不断扩展，也最终会对人的自由产生束缚或产生理性的狂妄（即“理性的铁笼”或“理性的自负”）。因此，与真善二元论相对应，一些思想家试图重新建构“真善一元论”的大传统，在这方面的奠基者是黑格尔，他构建了一个没有上帝的上帝（即哲学化了的上帝，或称之为“绝对精神”）。在黑格尔那里，“人是世界的主体，而神性寓于人性之中，寄寓了神性的人性，又表现于人的思想、人的精神之中，这个世界是一元地被决定的，真理是不可分的”[1]。那么，人认识真理，就是认识至善，真与善是一元的，至善的即是至真的，至真的也必是至善的。在黑格尔“真善一元论”的基础上，马克思进行了极重要的唯物主义改造，黑格尔的真善一元理论是在思辨中进行、在思辨中完成的。马克思根据唯物主义的原则，把这一套从思辨中拉到实践中来进行、在实践中完成[2]。马克思认为“人的思维是否具有客观的真理性，这不是一个理论问题，而是一个实践的问

[1] 参见顾准（1994）：“辩证法与神学”，《顾准文集》，贵州人民出版社，第412页。

[2] 同上，第412～413页。

题。人应该在实践中证明自己思维的真理性，即自己思维的现实性和力量，自己思维的此岸性”[1]。马克思在辩证唯物论（即唯物的真善一元论）的哲学基础上，加上对古典政治经济学批判所产生的“劳动价值论”和“剩余价值学说”，又继承了法国学者基佐的“阶级斗争学说”，由此把社会主义的理论带入到了所谓的“科学社会主义”阶段。这样，**在马克思的建构下，社会主义理论从一个主要批判资本主义社会、诉求平等的学说，变成了一个用来指导人们（尤其是无产阶级）建立人间天国的新信仰，由此爆发出了巨大的感召力**。如前所述，希伯来宗教传统的终极目标是人要依赖外在的力量实现彼岸的救赎，共产主义则是倡导人们依靠自身的力量来建立现世的天国，可以看到，两者目标方法截然相反，但却是同构的[2]。

---

❶ 参见马克思（1845）：“关于费尔巴哈的提纲”，《马克思恩格斯选集》第一卷，人民出版社1995年版，第55页。

❷ 马克思的家族是欧洲犹太家族中的最重要一支，“很难发现一个人拥有比马克思更多的犹太血统”，欧洲大陆犹太教中的拉比（Rabbi，即律法师，是犹太教中既负责宗教事务、又负责协调世俗事务的重要职位）大多出自马克思的家族。尽管把马克思的思想归结为世俗化的犹太教，似乎是太简单了，但犹太教传统对于马克思的思想构成具有举足轻重的影响，是毋庸置疑的。参见麦克莱伦（2005）：《马克思传》，中国人民大学出版社，第7页。

四、后来者：成功的少数和不成功的大多数[1]

西方国家一旦进入现代社会后，马上凭借着船坚炮利对其他文明下的国家和地区构成了巨大的冲击，为了应对冲击、救亡图存，各个后发国家不得不展开艰苦的现代化转型过程。本来各个文明之间并无高下优劣之分，但经济发展和军事实力之间的巨大差异，使得后发国家必须走上借鉴和学习西方的道路。正如马克思所言："资产阶级由于一切生产工具的迅速改进，由于交通的极其便利，把一切民族甚至最野蛮的民族都卷到文明中来了。它的商品的低廉价格，是它用来摧毁一切万里长城、征服野蛮人最顽强的仇外心理的重炮。它迫使一切民族——如果它们不想灭亡的话——采用资产阶级的生产方式。"[2]可以看到，西

[1] 这里后发国家所谓"成功"或"不成功"的标准，主要根据其人均收入能否达到较高水平而判断，正如前面所言，是否可以简单用经济标准来判断一个国家发展是否成功，是一个值得认真讨论的问题，例如不丹，其人均收入水平并不太高，但国民的幸福程度可能并不比那些高收入国家低。当然，本书采取的假设就是用经济表现来评判一个国家的发展状况。

[2] 参见《马克思恩格斯选集》第一卷，人民出版社1995年版，第276页。

方各国迈入现代社会，经历了漫长艰苦的过程，有一系列机缘凑巧的因素。但**后发国家遭遇西方冲击后，伴随着剧烈的军事冲突和社会动荡，各个国家要想在一个较短时间内完成由传统社会向现代社会的变迁，绝非易事**。事实上正如第一章所言，后发国家顺利地由低收入水平不断上升，最后成功迈入高收入国家、实现现代化转型的，并不多见。世界上大多数后发国家的现代化转型之路虽波澜壮阔、却千折百回。

后发国家尤其是与西方不同文明传统下的国家，在其现代化转型道路中，首先遭遇的困难是如何处理原有的信仰传统、又如何借鉴吸收西方的思想观念。西方现代社会所形成的政教分离、个人权利、多元价值等一系列观念，都是在其独特的历史演变中逐渐产生的。现代社会所要求的终极信仰退回到私人领域，并产生信仰（宗教）与理性（科学）的两分，对于不少数传统社会来说，非常难以做到。例如在伊斯兰教传统中，它虽然与基督教一样，同属于希伯来类型的终极价值关怀，认同人生价值在于依靠外在力量（伊斯兰教的真主与基督教的上帝是一样的，都是God）获得来世的救赎。但不同于基督教的是，伊斯兰教除了彼岸的关怀外，还要求在世的公正，即所谓的两世吉庆。这样一来，伊斯兰国家在其发展历程中更多呈现出政教合一的传统。类似的还有东正教传统，东正教与天主教类似，同属于基督教的一支，它是东罗马帝国带到君士坦丁堡与东方专制主义传统相结合后的产物，随后传到俄罗斯和斯拉夫地区。与天主教相比，东正教也更为倾向于政教合一的传统[1]。与此同时，它也排斥天主教经院哲学中对理性的运用，东正教更为强调虔诚和怜悯[2]。在俄罗斯东正教看来，接近上帝的方式是要通过虔诚、愚忠和苦行，而非理性。“只有上帝本身，上帝一个，当人深入其中，上帝完全掌握了人之时，才能拯救人。”所以尽管东正教与天主教同属基督教的一支，但它却很难产生理性和信仰的两分。伴随着终极价值观念退回到私人领域后，传统社会有机体也逐渐解体，但这在许多传统社会也是难以做到的。印度的终极价值关怀形成一套逻辑严密、博大精深的轮回学说，从而将印度社会划分

[1] 如前所述，天主教会也经历过政治权力和宗教权力互相勾结、互相支撑的状态，从人类传统社会的权力运行和构架来看，政教合一是常态，更容易形成；而政教相对分离反而是不寻常的。

[2] 参见金观涛（2010）：《探索现代社会的起源》，社会科学文献出版社，第106～107页。

为各个“各安天命、各守其职”的种姓群体，要想打破这种紧密团结的传统社会有机体，是非常困难的。

因此，各个传统社会的终极价值观念都已传承千年，与各自社会构成和制度安排密不可分。在各国传统文化遭遇西方文化的过程中，弱势文化接受强势文化的什么内容，基本不取决于强势文化本身的状态，而依赖于弱势文化对外来文化理解的意义结构[1]。所以，尽管受到西方的巨大冲击，但各个传统社会的终极价值观念要在短时间内实现根本转变却几无可能。在这样的条件下，社会主义意识形态映入相当多后发国家的视野，社会主义的真善一元论理念和社会乌托邦的建构，与传统社会的终极价值观念类似，又符合传统社会有机体的架构。此外，马克思主义本质上只是对资本主义现代社会的一种批判，对于社会主义如何具体操作，马克思并没有给出非常详细清晰的论述，这样不同的文明传统都可以与社会主义传统相结合。与此同时，后发国家的民族主义在其现代国家建构中发挥着至关重要的作用，民族解放运动的力量与

[1] 金观涛、刘青峰（2011）：《中国现代思想的起源》第一卷，法律出版社。

社会主义的思想相结合，在世界各国（尤其是其他文明的后发国家中）掀起了社会主义运动的热潮。

随着二战后苏联和西方阵营的确立，冷战由此展开，世界进入一场资本主义和社会主义、市场经济和计划经济的竞争当中。**社会主义在人类社会中的实践，其意义非同小可。它代表了人类社会对于现代社会的另一个方向上的探索**。从社会分工的角度来看，社会主义下的计划经济更长于“合”的方面，而不利于“分”的方面。在整合社会与发挥国家作用上，社会主义制度和计划经济展现了人类历史上无与伦比的力量，从来没有一种社会形式可以对所有社会成员达到如此组织和动员的程度，它由此带动了经济社会的快速发展，也显示出相比于早期资本主义和市场经济的优势。无论是伊斯兰教国家、东正教国家，还是秉持儒家文化传统的中国，都不同程度地尝试社会主义制度，甚至老牌的资本主义国家，也不得不借鉴社会主义国家的政府干预经济和提高福利保障的方式。然而，现代社会分工的产生根本来源于个人的自由选择和创造，而经济增长的持续动力来自于分工不断深化后引发的技术进步。尽管社会主义各国在计划经济体制下，携工业革命后机器化大生产之威力，迅速提高了自身的实力和经济发展水平。但计划经济无法解决信息不对称和激励不相容的问题[1]，即计划经济没有办法产生由所谓自发扩展的市场经济所带来的足够活力和创造力。

更为重要的是，为了实现共产主义的崇高理想，在革命阶段人们可以通过平等主义、斗争精神和集体主义来获取革命的胜利，建立全新的国家。但一旦进入建设阶段，必然面临“娜拉出走以后怎么办”的问题，即同样会遇到“**工人阶级一旦掌握权力变成统治阶层，如何防止被异化的困难**”[2]。可以看到，在马克思对社会主义的设想中，是“一切权力属于人民”，但如何能够真正保证这种实现，马克思却并未进行过深思熟虑。在《法兰西内战》中，马克思论述巴黎公社的构建时说：要“彻底清除国家等级制，以随时可以罢免的勤务员来代替骑在人民头上作威作福的老爷们。这些勤务员总是在公众监督之下进行工作

❶ 参见吴敬琏（2010）：《当代中国经济改革教程》，上海远东出版社，第19～21页。

❷ 参见顾准（1994）：“从理想主义到经验主义”，《顾准文集》，贵州人民出版社，第229页和第405页。

的，他们所得的报酬只相当于一个熟练工人的收入，每月12英镑。……国家事务的神秘性和特殊性这一整套骗局被公社一扫而尽，……公社一举而把所有的公职——军事、行政、政治的职务变成**真正工人**的职务，使它们不再归一个受过训练的特殊阶层所私有”[1]。显然，**马克思是希望通过“非专业化、非职业化、随时可以轮换”的方法来保障使统治权力能够掌握在普通民众的手中**。然而，现代社会是一个高度分工并专门化的社会，一个理性化运作并高度专业化的官僚体系，是任何现代社会建构和现代国家组织运行所无法缺少的，马克思的相关设想在现实社会中很难行得通。因此，苏联在其社会主义实践的过程中，从列宁到斯大林，逐渐构建出了一套以政党政治为基础、中央高度集权的计划经济体制，这样“一切权力属于人民”逐渐演变成“一切权力属于苏维埃政府”，最后则成了“一切权力属于斯大林”。中央集权下计划经济的实施，并不能阻止有特权的管理者演变成新的阶级，本来计划经济是建立在以平等为核心

[1] 马克思（1871）：“法兰西内战”，《马克思恩格斯选集》第三卷，人民出版社1995年版，第96～97页。

的意识形态之上，特权阶层的形成，在根本上动摇了社会主义和计划经济的正当性。伴随着苏联的解体，苏联式的以计划经济为特征的社会主义实践则宣告失败。

如第三章所示，由于现代社会的出现和现代分工的产生需要同时在“分”与“合”的方面具备条件，既要有充分的个人权利保障和分工的自由展开，又要有强大的国家和法治传统对社会进行重整和凝聚。因此，即使那些秉持终极价值观念与西方世界相似，又模仿学习西方资本主义制度的国家，也不容易获得成功。这方面的典型就是拉美国家，在欧洲殖民者所带来等级制的天主教传统观念的影响下，拉美国家呈现出南欧国家（西班牙、葡萄牙）的某些特征，裙带关系和制度化腐败盛行，社会高度不平等，迟迟难以建立强大和负责任的政府，经常屈服于军事独裁和民粹统治。后发国家现代化过程较为成功的是日本加亚洲四小龙，即推行所谓**东亚模式**，中国自改革开放以来所遵循的实际上也是类似的道路，但中国能否像日本和亚洲四小龙一样，最终迈入高收入社会，还存在较大的不确定性，这其中的原因，则是下面所讨论的内容。

第六章

中国社会的演变——从金字塔型社会到网络型社会

有人从西珥不住地大声问："守望的啊！黑夜还有多久才过去呢？守望的啊！黑夜还有多久才过去呢？"守望的人回答："黎明到来了，可是黑夜却还没有过去！你们如果再想问些什么，回头再来吧。"

——《以赛亚书》[1]

如本书第一章所述，中国迈向高收入国家的过程，是中国实现现代化整体转型的一个环节。自鸦片战争遭遇西方列强的猛烈冲击以来，中国在器物、制度和观念等各方面发生了深刻的变化，希望成为一个现代化强国，以实现中华民族复兴的梦想，目前这个过程仍然没有完成。回顾数百年来中国的现代化转型

[1] 转引自韦伯（2010）：《韦伯作品集I——学术与政治》，广西师范大学出版社，第194页。

过程，似乎可以说从没有一个大国作为一个整体，为了富民强国的愿望，有这么多的人，在这么短的时间内，能采取如此大无畏和毅然决然的态度，截然抛弃过去传承数千年的终极价值观念，走上一条即使千转百回仍不折不挠的现代化道路[1]。

从目前来看，中国迈向高收入国家的现代化转型道路，仍然存在着较大的不确定性，而要真正理解当前中国所面临的难题，先要回到中国的传统社会中。

一、中国传统社会的观念、制度和分工

如第三章所述，中国传统社会与其他传统社会类似，也是一个层级式分化的社会。然而，中国传统社会也呈现出与众不同的特点：**第一是长期保持“大一统”的局面**。传统社会由于小农生产的分散性、交通通讯落后等原因，很容易导致地方势力割据而无法长

[1] 伴随着终极价值观念的转换，传统社会的大帝国在现代化转型过程中通常不得不经历解体的过程，典型的例子是伊斯兰传统的奥斯曼帝国（Ottoman State），其民族英雄凯末尔利用民族主义建立了世俗的土耳其共和国，但再也无法维持原有的统一帝国。

期维持大一统的格局，中国是历史上唯一一个能够持续保持数千年大一统局面的农业帝国，其他传统社会即使出现过辉煌的大一统帝国，但一旦解体就会陷入四分五裂的局面而难以再恢复。而中国传统社会尽管历经朝代更替，却大多能够在较短的时间内又重新建立大一统的局面。**第二是长期陷入农业发展方式下的“高水平陷阱”中**。与其他传统社会相比，中国的经济社会发展和科学技术一直保持在相对较高的水平，甚至在工业革命时期，“直到18世纪晚期，中国的江南地区与英格兰地区的生活水平、在经济因素中占关键地位的劳动生产率、重要日用品市场及生产要素市场的广度及自由度，都大致相同”❶，而在识字率等指标上，中国甚至还要高于英国。“为什么中国能够长期保持大一统国家的局面？”、“为什么中国在传统社会中一直处于领先的水平，但却未能实现突破，不能产生现代意义的社会分工、率先迈入现代社会呢？”，这始终是探讨中国社会演变的根本性问题。而要回答这两个问题，必须深入到中国传统社会的观

❶ 参见彭慕兰（2003）：《大分流：欧洲、中国及现代世界经济的发展》，江苏人民出版社，第1～2页。

念、制度和器物的各个层面中展开分析。

第一，从中国传统社会的终极价值观念来看。如本书第四章所述，中国的终极价值观念有两个根本性的特点：一是依靠自身而非外在的神秘力量来实现人生的价值；二是人生的终极价值关怀是指向此世的，即所谓“未知生，焉知死”，人生的意义在于去逐步构建在人间的美好社会，而非舍离此世去寻求来世（或彼岸）的解脱（或救赎）。中国的终极价值观念决定了中国人对任何事务的看法都是高度入世（世俗主义），甚至是实用主义的（即强调实际效果），可以把这样一种态度称之为**世俗理性**（或者是实用理性）[1]。这样的态度一方面决定了中国的文化具有极强的世俗性，传统社会尤其是西方社会那种常常发生的基于宗教意识形态激烈冲突所导致的血流成河，在中国数千年社会演进的过程中几乎没有听说过。而且在中国终极价值观念的影响下，中国文化在遭遇外来文化的冲击时，也会展现出非常强的灵活性和包容性，逐步借鉴、接纳和融合外来文化传统，始终是中

[1] 也有归纳为实践理性或常识理性，参见金观涛、刘青峰（2011）：《中国现代思想的起源》第一卷，法律出版社；李泽厚（2005）：《实用理性与乐感文化》，三联书店。

国文化的重要特色[1]。另一方面，中国终极价值观念的世俗理性精神决定了中国人很早就“敬鬼神而远之”，不会陷入神秘主义和唯理主义的泥淖，什么“终极真理”、“真善一元”或“真善二元”，并不是中国文化关注的重点，中国人也不这样思考问题。相应的，中国文化也很难发展出一套探究世界的严密逻辑体系，实用主义的态度导致中国人既能够务实地处理经验型的技术问题，而避免陷入到迷信中，使得传统中国的经验性技术体系非常发达、技术水平很高；但同时又使得中国人历来对理论问题缺乏应有的关注，难以产生刨根问底的“科学精神”，以及在此精神下的科学方法和体系。

第二，从中国主流的儒家传统来看，人生的终极价值是每个人要从自身出发，由己及人，修身齐家治国平天下，从而逐步去构建人间的美好社会。在儒家终极价值观念下，有几个根本的特点：一是**将强烈的价值判断赋予不同的伦理关系**，所谓“君君臣臣、父父子子”，本来父子关系只是一个血缘上的事实判

---

[1] 例如宋明理学就是儒家文化在遭受佛学的冲击下，最后借鉴和融合佛学产生出的思想体系。从这个角度来看，中国目前还处在借鉴、融合西方文化的过程中。

断，但儒家传统赋予其强烈的价值涵义，即要“父慈子孝”，“父亲要有做父亲的样子（要慈）、儿子要有做儿子的样子（要孝）”。以此类推，家庭、家族乃至整个社会的不同关系，都有不同的伦理等级和相应的伦理规范，只有每个人在不同社会关系中都遵循各自的等级和规范，才是一个理想的人间社会。需要指出的是，儒家传统并不是一味地强调等级较低的必须服从等级较高的（即所谓不能犯上做乱），每个等级都有自己的规范，等级高的不遵循规范，那么等级低的也无须遵循（即所谓君不君则臣不臣，父不父则子不子）。二是**采用“家国同构、忠孝同构”的方式将基于血缘和家族的伦理规范从个人、家庭放大至国家**。如前所述，人类社会群体开展合作和不断扩张的一个重要原因是基于生物性的血缘关系。而在儒家传统那里，首先通过伦理规范将这种血缘关系赋予强烈的道德含义，然后再通过“家国同构、忠孝同构”的方式将基于血缘和家族的伦理规范放大到国家。这样国家就成为一个个家族组合而成的大家庭，而皇帝成为这个大家庭的家长。可以看到，这种将“生物基因”与“文化基因”融合而一的方式，有着极强的生命力和社会整合能力，而在其他传统社会的文化传统中，很难有类似的现象。西方词汇中所指的国家，country是地域意义上（在哪个疆域范围内），nation是民族意义上（由哪些人组成），state是政治意义上的（通过怎样的方式组成，例如个人通过社会契约组成国家），所以“国”与“家”并无直接的联系。但在中国的词汇中，“国”与“家”密不可分，国是家的一种放大。三是**从个人、家庭到国家，遵循的都是同一套规范**。每个人的终极价值指向是修身齐家治国平天下，无论是个人修身、维护家庭和睦、处理邻里关系，还是国家治理，都需要依照同样的逻辑和遵循一致的规范，即所谓的“道德价值一元论”（用道德实现的方式去贯穿修身齐家治国平天下的过程）[1]，“家国同构、忠孝同构”和“道德价值一元论”所带来的后果是中国人历来“公私难分”，因为没有“公共空间”的需要，不是“家”就是“国”，无需公共意义上“社会”的存在。

第三，大一统国家的实际治理遵循的是“儒法

[1] 参见金观涛、刘青峰（2011）：《中国现代思想的起源》，法律出版社。

互补”的方式。站在统治者的角度，尽管宣扬“家国同构、忠孝同构”的儒家传统对维护统治、获取正当性是必不可少的，但真正实现对庞大的国家和数目众多国民进行有效管理，还需要严峻的法律和相应的暴力机构。因此，法家传统在中国实际的国家治理中，同样发挥着至关重要的作用。事实上，中国历史上的第一个大一统王朝——秦朝，正是在法家思想的指导下建立的。然而法家宣扬赤裸裸的君主绝对权力和国家暴力，并意图肢解基于血缘的家族关系，将每个人变成国家机器下的单独个体，这在根本上违背了中国传统的终极价值观念，所以秦朝很快覆灭。取而代之的汉朝统治者吸取了秦朝的教训，将法家的手段接上了儒家的伦理，推行“以礼入法”，汉武帝实行“罢黜百家，独尊儒术”，借用儒家为自己的统治获取正当性。需要指出的是，法家传统中的法治一切只为统治者的利益考虑，只是统治者的一种治理老百姓的工具，根本没有“用法律来约束统治者”的现代法治含义。

第四，大一统国家的维系依赖“读书人做官”的官僚体系。传统中国的王权能够有效抑制地方势力、维持大一统局面的一个重要原因是官僚体系的建立。中国传统社会的官僚体系在各传统社会中是发展最早、最为成熟和最为有效的，唐朝的《唐六典》、三省六部制，即使与今天官僚组织的规范和体系相比，也不遑多让[1]。一个强有力的官僚体系的建立，是大一统国家维持运转的关键。事实上，西方传统社会由于权力高度分散化，很难建立有效的官僚体系，西方社会官僚体系还是在其近代王权扩张、民族国家兴起的过程中逐步形成的。相比之下，中国官僚体系的建立则要早一千多年。**中国官僚体系的一个根本特点是通过考试和选举制度，形成了"读书人做官"、"学而优则仕"的局面**。正如钱穆所言"中国历史上考试和选举制度，其用意是在政府和社会间打通一条路，好让社会在某种方式下来掌握政治、预闻政治和运用政治，哪种人才可参加政府，这才是中国政治制度最根本问题之所在"。"读书人做官"的制度一方面保证了社会上的精英阶层有较好的上升空间，整个社会也有相当的流动性，而皇帝在官僚阶层的帮助

[1] 唐代的中书、尚书、门下三省实现了具体政策措施的"决策、执行和监督"的严格分开，三个部门之间形成了有效的互相制约。参见钱穆（2011）：《中国历代政治得失》，三联书店，第35～41页。

下，能够有效抑制地方和家族分裂的趋势，更好地治理国家。此外，读书人自小就受到儒家传统文化的熏陶，也是社会中的文化和道德精英，负有教化社会的责任，他们承担着传承中国终极价值关怀的使命。另一方面，“读书人做官”、“学而优则仕”使得知识精英被牢牢绑在世俗的政治权力之上，很难有办法获得独立发展的空间，当然还有“佛家”和“道家”等文化对读书人的心灵加以补充和调剂，但无论如何对于社会中的聪明才智之人，读书做官总是第一位的，读书人渐渐变成政治的附庸、甚至政治的脂肪，所谓的学术独立、科学自主或者商业本位，则根本无从谈起。

第五，县以下村庄实行“家族自治和乡绅自治”，它是大一统国家的基本单位。在传统社会中，中国的官僚体制只到县一层，而且一个县的官员数目极其有限，通常情况下只有几个编制。县以下广大的乡村事实上是处于自治状态，当然国家还是要收税并维持治安的，并不是像西方传统社会那样处于层层分治的状态。中国的管理体制本质上是一种基于血缘关系的家族治理的放大，这在基本的乡村体现得尤为明显，一个村庄是由几个家族构成，族长（即家族的统治者）通常也是读书人出身的乡绅，有时就是退休在家的官僚。由此，读书人身兼家族族长、地方士绅和朝廷官员多种身份却又遵循同一种的理念，在乡村中提供公共产品（如教育、济贫等），开展公共治理（维护秩序等），并帮助执行国家的管理（如征收税赋等）。可以看到，在乡村自治状态下，中国传统社会中国家对于农业产出的汲取能力相当有限，通常不到总产出的5%，而士绅官僚阶层却占据举足轻重的地位，清代士绅阶级的人数不到全国总人口的2%，但他们却占有国民收入的23%[1]，为了维护大一统王朝的运行，逐渐形成了有利于士绅官僚阶层的制度安排。

第六，中国传统社会下的社会分工和科学技术能够获得一定的发展，但难以充分展开和不断提高。如本书第三章所述，社会分工的不断深化一方面要充分保障个人权利和选择自由，使得社会充满活力和创造力；另一方面要有强大的国家提供支撑。中国传统社

[1] 根据张仲礼的估算，19世纪中国士绅阶层从官职中的收入占其总收入的18%，但通过土地占有所获收入可占总收入的34%。参见金观涛等（2011）：《开放中的变迁》，法律出版社，第13页和第38页。

会在“分”和“合”的两个方面都有相应的优势和劣势，因此社会分工能够有相当程度的开展，技术和经济水平的发展也能达到一定水平，但却无法获得分工的无限深化和经济持续增长。在“分”的方面，相比于其他传统社会，得益于科举等制度，中国社会具有较高的社会流动性，个人职业选择等社会自由度也比较高。然而正如其他传统社会一样，整个社会是被笼罩在统一的意识形态之下，从而对每个人的行为造成根本的束缚，中国的个人权利和个人观念在儒家传统的伦理规范笼罩之下，根本难以展开。有识之士甚至发出“礼教吃人”、“以理杀人”的呼声。在“合”的方面，大一统国家为统一市场、统一法律、交通道路基础设施等各方面提供了保障，使得市场范围大大扩展，从而有利于分工的展开。在科技进步方面，在大一统国家力量的帮助下，可以运用官僚阶层强大的组织力，有利于技术的继承、创新和转移。在传统社会，由于各种技术的传承和发展往往是与具体的匠人密不可分的，较难在社会中产生灵活地转移和广泛地传播。而大一统官僚体系可以有助于克服传统技术在继承、创新和转移中的困难，有利于一些促进国家整合和便于不同地区交通交流的大一统技术的出现。可以看到，像造纸、印刷、火药、指南针此类的技术，都是类似的大一统技术，大一统官僚机构对于这些技术的转移、继承和创新发挥了重要的作用。然而，中国传统社会的国家力量又没有足够强，就像黄仁宇指出的，中国传统社会的管理以道德教化为主，不是现代意义上的理性组织方式，无法开展“数目字管理”[1]。国家财政税收体系、军事力量等方面事实上都很薄弱，整个国家呈现大而不强的状态，难以对社会分工的不断深化提供真正有力的支持。更为重要的是，大一统的官僚机构使得社会整体成为一个“一元化”金字塔式的组织架构，在这种社会架构下，既没有具有独立利益的技术团体的充分生长空间、也没有具有独立利益的企业（行会）的充分生长空间。中国传统社会的技术进步和企业发展都要最终依附在官僚体系之上，尽管传统中国商品经济很发达、技术水平也在不断进步，但不可能形成现代市场经济，更无法开展现代意义上的创新活动和社会分工。

第七，周期性的朝代循环是中国传统社会陷入

[1] 参见黄仁宇（2006）：《万历十五年》，中华书局。

“高水平陷阱”的重要原因。中国传统社会的运行呈现出周期性的朝代循环特征，每当朝代初创，皇帝励精图治，官员清廉能干，一般在王朝稳固后的早期就会迎来相对繁荣的盛世。然而随着时间的推移，“官僚腐败”、“贫富差距拉大”就会像癌症一样产生在中国传统社会有机体之上。在金字塔式的社会组织架构下，王朝初期官员相对少、大官更少；而到王朝后期，官员数量愈来愈多，大官也多。原来整个社会的官僚阶层（即食利阶层）是依靠庞大的农民阶层来供应，传统社会本质上是一个少数人剥削多数人的汲取式（extractive）的社会，上层阶层的数量不能太多，官员数量一多必然整个社会不堪重负。而社会贫富差距的拉大一方面是经济发展的必然结果，另一方面也是官僚阶层的扩张腐化所导致，贫富差距拉大的后果之一是社会矛盾加剧和爆发。因此，皇帝无能、官员腐败和流民四起几乎是每个皇朝末年的共同图景，再加上天灾、外敌入侵等突发因素，朝代更迭就难以避免。一旦朝代更替来临，则历经数代积累的财富在短时间内化为烟云，人口数量在大动乱中可以减少1/3～1/2，甚至更多，东汉末年的动乱导致人口从公元156年的5007万下降到公元263年的537万[1]，整整减少十分之八九。而各种科学技术的积累和进步往往也会随着朝代更迭中断甚至倒退。

每当朝代更迭发生，新的皇朝建立，又会按照儒家原有的意识形态蓝图重建合法性，使得中国传统社会的历史演进似乎总在往复循环的周期之中。到了清朝末年，当旧有的皇朝衰败因素与新来的西方冲击叠加在一起时，中国遭受三千年未有之大变局，再也无法重新回到原来的运行轨道，将迎来一个前所未有的崭新阶段。

二、中国近现代以来的演变

自鸦片战争中国遭遇冲击以来，中国在与西方较量的过程中全面落败。从此，中国就一直处在亡国灭种的压力之下，如何救亡图存，是无数仁人志士的毕生奋斗目标，也是中华民族和中华文明面对外来冲击

[1] 司马彪：《后汉书》，中华书局1965年版，第3388页。转引自金观涛等（2011）：《中国现代思想的起源》，法律出版社，第60页。

的必然反应。

在开始的阶段，中国传统社会在西方冲击下，从器物、制度和文化等各个方面逐渐退却，传统社会趋于瓦解，处于全面危机之中。可以看到，清王朝面对外来冲击，首先是在**器物**层面做出反应，认为西方的力量主要在于“船坚炮利”，因此需要“师夷长技以制夷”。从而将儒家中“经世致用”传统发扬光大，开展了轰轰烈烈的洋务运动。然而，甲午海战对日本的战败，真正动摇了中国知识分子的根本信念，认为必须在**制度**层面做出改革，由此“戊戌变法”、“百日维新”运动展开，清朝政府也逐步开展立宪改革。伴随着清王朝的覆灭和中华民国建立后的军阀混战，人们逐渐认为，中国落后于西方的根本原因在于**文化**层面，于是“打倒孔家店”的呼声甚嚣尘上，成为“五四”文化运动的一种主流。

在中国传承数千年的终极价值观念遭受猛烈的冲击的同时，一种新的意识形态逐渐兴起。由于儒家传统强调社会伦常等级，因此在打倒孔家店的同时，一种打破一切纲常、冲破一切罗网、强调绝对平等的思潮（即革命观念）逐渐兴起，谭嗣同和康有为以及他们所著的《仁学》和《大同书》，就体现出这样的观念。与此同时，“五四”文化逐渐将马克思主义等观念引入，这样由中国自身反传统而来的革命观念和外来的共产主义乌托邦观念相结合，立即就产生了“革命乌托邦”这种新的意识形态。人们常常对社会主义思潮为什么会在“五四”前后非常迅速地俘获一大批中国知识分子的心灵感到困惑。以《新青年》杂志为例，在其早期阶段（1915～1916）年所发表的文章中大多数围绕“自由”、“民主”等展开讨论，而仅仅过了十年，到1925～1926年，更多的文章在讨论“社会主义”[1]。事实上，中国传统终极价值观念是人们依靠自身力量在人间建立美好社会的终极取向，虽然儒家传统被放弃，但中国传统价值观念的内在结构还在，而马克思主义的信仰是对西方希伯来传统全面取反，也是希望能够在人间建立天堂，因此从表面

[1] 参见金观涛（2011）：《中国现代思想的起源》，法律出版社，第371页。

上来看，两者在结构上是完全同构的[1]，且中国在遭受西方列强欺凌下必然对西方观念和制度心存罅隙，而马克思主义正好又是对西方国家已有资本主义制度进行全面批判的集大成者，是一种看起来更为先进的观念和信仰；再加上苏联的示范和支持，各方面的因素相结合，从而导致了马克思主义在中国的迅速流行，“革命”由此获得了至高无上的道德含义，而实现“共产主义”成为很多中国人的新价值信仰，通过“革命”的方式去实现“共产主义”已经成为一股势不可挡的新潮流。

在新意识形态的支撑下，一个全能主义政治和超级官僚社会随之诞生。中国借鉴并学习了苏联的经验，借助于政党政治的力量，在新意识形态的支持下，对社会进行了全面的整合。由此，中国开始实行一种全能主义[2]的政治形态，所谓全能主义政治，是

---

❶ 中国反儒家传统而得到的大同（革命）理想，虽然在结构上看与马克思的共产主义同构，但事实上存在本质的不同。如前所述，马克思主义是从希伯来宗教传统中取反出来的，根本上仍是西方文化传统中的一支，与中国终极价值观念存在很大的差异。马克思主义基于“真善一元”的绝对真理而来，而中国人对此一向较为隔膜，中国人理解并设想的理想社会，仍然是从世俗理性出发，需要通过个人不断地修身、提高道德修养和进行道德实践而来，这在中国后来的社会主义建设和实践中可以明显看出。

❷ 参见邹谠（1994）：《二十世纪中国政治》，牛津大学出版社，第3页。

指政治权力可以随时进入和控制社会每一个阶层和每一个领域，并成为其指导思想。在中国传统社会，虽然知识分子群体牢牢依附在政治权力之上，但对于什么才是真正的终极价值信仰和应该的行为，解释权仍在儒生手中，即所谓“道统”和“法统”的分离[1]。与此同时，在中国传统社会是皇权不下县，县以下实行乡村自治。到了全能主义的政治形式下，对于终极价值信仰的解释权掌握在政治权力尤其是最高权力拥有者那里，由此形成了“道统”和“法统”的合一。此外，与传统社会的官僚体系相比，全能主义政治形式下形成了五级政府，管辖一直延伸至乡村，对每个社会成员的控制力大大增强，构成了所谓的超级官僚体系。在新意识形态、全能主义政治和超级官僚体系的结合下，国家对于整个社会中每个成员的组织动员和控制能力可以说达到了一个前所未有的高度。与此同时，新意识形态强调要将革命观念贯穿于个人道德、家庭伦理和社会秩序的建构，以最终实现共产主义社会的理想。可以看到，新意识形态与“修身齐家

[1] 参见资中筠（2011）：《启蒙与中国社会转型》，社会科学文献出版社，第5～8页。

治国平天下”的儒家传统在内容和目标上迥然不同甚至截然相对，但其思想的方式却有相当大的类似性，这种类似性的形成很大程度是由于中国强大的传统思想方式对马克思主义进行了消化、吸收和重构。

站在历史的角度，中国新意识形态、全能主义政治和超级官僚体系的产生并非偶然，它是传统中国陷入全面社会危机后的一种自然反应。前面已经谈到，传统中国大而不强，难以与西方展开竞争，在生死存亡的压力下，中国需要有一种强有力的新意识形态和全能主义政治来把一盘散沙的社会组织动员起来，从这个角度上说，确实是“只有社会主义才能救中国”。**新意识形态的巨大感召力，加上全能主义政治和超级官僚体系超强的执行力和组织力，中华民族完成了救亡图存、维护领土完整和国家统一、展开现代化的初步建设等一系列任务。**对于整个中华民族而言，这个伟大的意义是如何强调都不过分的。

与此同时，新意识形态、全能主义政治和超级官僚体系的结合固然可以完成社会的全面整合和重构，并把每个社会成员都组织和动员起来，取得经济社会发展的显著成就。但也日益带来一系列的问题。首先是新意识形态日益遭受到中国原有终极价值观念的强烈反弹。中国传统价值观念虽然也强调要构建人间美好社会，但却是通过由己推人的方式，基于血缘的亲戚家族关系被注入强烈的道德含义。而在新价值观念中，却强调要“大公无私”，“狠斗私字一闪念”，固然在一定时期和一定阶段内新价值观念也能够取得相当的成效，但这种对于人性的束缚、扭曲甚至泯灭，与中国数千年的传统价值观念背道而驰，注定难以持续。其次是新中国成立后同样也要面对“娜拉出走以后怎么办”的问题。**特权阶层的产生在全能主义政治和超级官僚体系中根本难以遏制，即使依靠新意识形态也无法避免（正如儒家意识形态同样不能根本遏制传统士绅阶层腐败一样），如果希望通过“大鸣大放大字报”动员普通群众的方式加以控制，其本质上与马克思希望能够通过“非专业化、非职业化”的方式来避免工人阶级掌握权力后的异化，有异曲同工之意，在一个正常的现代社会，同样也是行不通的。**

站在社会分工的角度来看，“新意识形态、全能主义政治和超级官僚体系的结合”具有高度整合力和组织力，但其社会结构与传统社会相比，仍是一个的强化版金字塔结构。新社会结构可以说把促进社会分工"合"的方面发挥到了极致，整个社会一体化和组织化程度大大提高，各种基础设施建设迅速推进，短期内经济社会获得了较快的发展，迅速增强了实力。但在促进社会分工"分"的方面，新社会结构也可说是遏制到了极致，个人欲望和自由受到全面的抑制、个人权利受到各种剥夺，个人牢牢地被国家力量监督和控制，这样的社会必然导致封闭、固化和僵化，社会逐渐失去动力和活力，最终必然衰亡。所以新意识形态的影响力在达到其顶峰时，就不得不伴随着政治运动的结束，迎来根本调整的命运。由此，中国开始进入改革开放的时代。

三、改革开放后的社会变迁

从社会分工的角度来看，改革开放一方面大大推进了有利于"分"的方面，最为重要的是国家赋予各个主体更多的自由和权利，市场经济的引入确立个人和企业逐利的正当性；而中央向地方的放权则使得地方具有了更多的自主权，通过财税关系、政绩考核等一系列制度安排则充分调动了地方发展的积极性。整个社会的活力和创造力被有效激发了起来。另一方面，在“合”的方向上，全能主义政治和超级官僚体系依旧发挥着作用，在“以经济建设为中心”、“发展是硬道理”的指引下，加之打开国门引进资金技术，借鉴东亚发展道路等一系列措施，政府主导经济模式的威力被充分发挥了出来。从社会结构来看，改革开放促使原有“一元化”金字塔结构逐渐松动和碎片化，在这个过程中，各个主体的利益诉求被得到承认，不同利益主体之间产生分化，与此同时原有的一元化结构仍然保持着整体架构，并未真正解体，它还起到维护和引导社会运行、不断整合社会的作用。因此，无论是“分”还是“合”的方面，都具备了社会分工迅猛展开的局面，由此带来经济社会快速发展，造成改革开放三十多年来经济高速增长的奇迹。中华民族在几千年历史上，从未有这么多人能在这么短的时间内，其生活物质水平获得这么快的提高，也从未有这么多人能够同时过上丰衣足食的小康生活，这个伟大的历史功绩，同样也是怎么强调也不过分的。

当然，日益碎片化的一元化体制，在爆发出巨大的活力、带来前所未有的经济增长和社会发展的同时，也暴露出越来越多的问题。**首先是终极价值信仰的缺失**。这种丧失表现在两个层面上：一是公共层面上。如前所述中国传统价值信仰在救亡图存的过程中被逐渐抛弃，而新意识形态在文化大革命后也不得不退潮。因此中国社会目前处于价值信仰的真空期，很难确立社会主流的终极价值观念，尽管当前西方社会的终极价值观念退回到私人领域，宗教关怀退出前台，但这并不意味着西方社会没有主流的价值关怀，这种主流价值关怀对于西方社会的凝聚和运行仍然起着重要作用。而对比中国，却很难发现这种社会的主流价值关怀（它不仅仅需要官方意识形态的宣传，更重要的是要成为社会中大多数人的主动选择、并真正成其安身立命的信仰），中国社会似乎呈现出价值虚无主义的后现代状态，与其正处于的现代化转型阶段相比，情形颇为吊诡。二是在个人层面上。当今的中国人似乎正处在“**六神无主**”的时代，很多人不仅找寻不到终极价值关怀，甚至丧失了对终极价值观念进行追问的兴趣和能力，只能回到世俗的物质层次寻求人生存在的意义。这并不是说个人以物质追求为人生指向有什么问题，但整个社会完全陷入世俗物质追求中，那么社会精神就会很快萎靡，进入凡事皆可为的无序状态，从而带来整个社会精神的坍塌。可以说，自轴心时代中国传统文明产生终极价值观念以来，当前中国人正陷入数千年难有的价值信仰危机之中。**其次是社会的失范状况日益严重**。在社会加速转型而剧烈变化的状况下，主流价值信仰的缺失必然造成社会的失范。涂尔干早就认识到，现代社会分工会使得社会中的人与人的相互依赖关系加深，与此同时，传统价值观念又退缩到私人领域，那么如何重构人与人之间的信赖关系呢？如果新的社会共识和信任关系无法形成，必然会带来社会的失范和混乱[1]。也就是说，原有的信仰和规则被打破了，但新的的信仰和规则却难以有效建立。现代社会分工带来的力量就像原子弹爆炸，如果新的社会共识无法及时形成，整个社会就可能会被炸得四分五裂。尽管诉诸于爱国主义和民族主义，可以在一定程度上提供社会共识和凝聚社会力

[1] 参见涂尔干（2000）：《社会分工论》，生活·读书·新知三联书店。

量，这也是当前任何国家面临激烈的全球化竞争时所不可或缺的，但爱国主义和民族主义也是一把双刃剑，对此一味地强调和依赖，容易滑向民粹主义甚至种族主义，德国和日本的发展历史就是相应的经验教训。**再次是个人关系成为支配社会资源和权力分配的重要力量。**在新意识形态下，私人关系和血缘关系在社会运行中难以获得正当性，其运用也受到严重限制和打击。但在新意识形态退潮后，几千年文化传统支撑下的基于血缘和拟血缘的私人关系又顺理成章地重新回到了社会运行舞台的中央，支配着资源和权力的分配。与过去不同的是，传统社会中的私人血缘关系附有儒家传统赋予的伦理责任，而在中国当代社会私人关系的运用更多是基于赤裸裸的利益计算，私人关系中温情脉脉的传统伦理责任多半已名存实亡，尤其是在那些拟血缘的关系中。私人关系在任何社会都发挥着重要作用，然而正如现代社会分工所要求的，契约关系需要成为真正主导整个社会运行的、压倒一切其他关系的关系，而在中国社会，是非正式的私人关系压倒了正式的契约关系，成为支配社会运行的真正力量。从而整个社会都很难有稳定一致的预期和规则，不讲规矩讲关系成为社会运行的一种常态。**最后是社会功能泛化现象普遍，腐败状况越演越烈**。现代社会分工的展开需要形成功能分化、界限清晰、规则明确的不同领域，领域之间不能随便跨越。然而在全能主义政治传统下，政治权力有权僭越一切领域。从目前的情况来看，中国各个社会领域功能泛化的情景仍很普遍，权力很难得到有效约束，政企不分、政事不分、政资不分的情况仍然严重，法治传统的建立进程缓慢，难以有效遏制腐败的蔓延。

简而言之，改革开放所推动一元体制的碎片化，有效促进社会分工，爆发出了巨大的活力和创造力，带来三十多年中国经济社会的发展奇迹。但在社会分化方面，个人权利仍未得到真正确立，功能分化的社会领域远未形成。在社会重整方面，一元化体制的碎片化也带来许多严重的问题，社会主流价值信仰的缺失、社会的失范、个人关系占据支配地位、腐败加剧，等等。可以说，在原先铁板一块的一元化体制松动和碎片化后，当前各种社会主体之间关系的重构和调整都远未到位，社会分工的无限深化和经济增长的可持续也难以得到有效保障。从这个角度来看，现代化转型所需的观念、制度和器物的变迁还将持续，中国的未来将如何发展，仍有较大的不确定性。

四、迈向高收入国家：从金字塔社会向网络型社会的转变

中国的人均国民收入（GNI per capita）在2010年达到4270美元（当年价美元，来源：世界发展指标2012），已经迈入了世界银行所设定的上中等收入国家行列（世行2010年的上中等收入国家标准为人均国民收入在3976～12275美元区间内）。“中国是否能够借鉴其他国家的经验教训，避免落入中等收入陷阱，继续保持经济增长并最终进入高收入国家”由此成为社会热议的话题，本书试图从社会分工和会结构的角度对“中国迈向高收入国家”这一宏伟命题进行一番探讨。

从主流的观点来看，更多是将“中国迈向高收入国家”与“发展方式转变”结合在一起。站在“发展方式转变”的角度，中国能否保持稳定的经济增长，

并最终迈向高收入国家，关键在于能否转变目前已经难以持续的传统经济发展方式。根据官方文件的表述，就是要实现经济增长“由主要依靠投资、出口拉动向依靠消费、投资、出口协调拉动转变，由主要依靠第二产业带动向依靠第一、第二、第三产业协同带动转变，由主要依靠增加物质资源消耗向主要依靠科技进步、劳动者素质提高、管理创新转变”。也有一些研究者侧重从“现代性”的视角来考察中国迈向高收入的过程，他们认为中国的现代化过程不应只局限在物质层面，“现代性是指欧洲启蒙运动所倡导的自由、理性、个人权利等核心价值观，和以此为基础建立的市场经济、民主政体和民族国家等一整套制度，即现代文明秩序”。在他们看来，“中国迈向高收入国家”的过程就是要“建立一个以现代核心价值观（自由、理性、个人权利）为支撑，以市场经济、民主政体和民族国家为基本制度的现代文明秩序”为最终目标。

本书认为中国迈向高收入国家不仅仅是一个人均收入水平再上台阶的过程，也是中国整个现代化进程中的一个必经阶段，应将“中国迈向高收入”放到中国现代化整体进程中来看。自1840年鸦片战争以来，中国遭遇“三千年未有之变局”的外来冲击，被迫从几千年朝代循环的旧轨道中跃出，在器物、制度和思想观念的不同层面实现了巨大的转变，个人、社会和民族经历了根本的变迁，以逐步实现从一个传统国家向现代国家的转型，目前这个现代化的转型过程尚未根本完成。

人类由传统社会迈向现代社会的变迁，是一个划时代、全方位的巨变。从经济增长理论来看，人类进入现代社会，带来了社会生产力的巨大爆发，伴随着“现代经济增长现象”的出现，为什么现代社会的生产力能摆脱传统的桎梏，并臻于无限增长的境地？经济学家们发现全要素生产率在现代经济增长中扮演着越来越重要的作用，经济学理论对于经济增长的解释经历了从资本到技术再到制度的演变。而马克思和韦伯站在社会变迁的更宽广视角，分别认为物质或观念的因素在由传统社会向现代社会的转型中扮演着更为决定性的作用，由此产生了侧重于物质因素的“马克思典范”和侧重于观念因素的“韦伯典范”。不同的理论均有各自的解释力，只有将它们综合在一起才能更好地了解人类社会的现代化转型这一复杂过程。

本书从侧重“社会分工和结构”的“斯密—涂尔干典范”来理解由传统社会向现代社会的变迁。在斯密那里，经济增长的根本源泉在于分工的深化。设备的投资、技术的进步、专业化程度的提高、乃至有效率经济组织的出现，既是带来分工的原因，更是分工导致的结果。现代经济增长伴随的一个鲜明特征是分工的无限深化，而正是这种分工的深化，带来了对资本投入、技术进步、相应组织形式乃至制度环境改变的需要，推动着资本积累、技术创新、社会组织和整体制度的变迁。

既然分工的无限深化是现代经济增长出现的重要原因，也是由传统社会向现代社会迈进的根本动力，那么为什么有的社会可以推动分工的无限深化、有的社会却不能呢？这是因为一个社会的分工程度要受到其社会结构的制约，不同社会所具有的器物、制度和观念等各种因素衍生出不同的社会结构，也决定着不同的分工水平。由此，本书提出了一个基于社会分工和结构视角的社会变迁分析框架，探讨器物、制度和观念层面的因素与社会分工和社会结构的互动关系。

在此框架下，原始社会是由家庭、部落等小型社会单位自我复制而形成的“分支式分化结构”。传统社会是由不同层级、且层级之间有明确等级关系构成的“层级式分化结构”。现代社会则是由不同功能的社会领域、且各个领域之间有明确的界限和规则构成的“功能式分化结构”。

在原始社会中，基于血缘的“生物基因”和基于习俗的“文化基因”在推动人们开展合作和群体扩张中起着根本性作用，但在由自给自足的基本社会单位所组成“分支式分化”的社会结构下，社会关系和社会功能都较为简单，社会分工水平也极其有限，很难有不断拓展的空间。在传统社会中，轴心时期超越突破所产生的几大终极价值诉求，为传统社会的制度构建提供了支撑，以家族、庄园、教区、行会或种姓等基本社会单位为依托，产生了集中的社会管理和复杂的社会统治体系，建立了传统意义上不同类型的国家机器。与原始社会相比，传统社会的分工水平有根本性的提高，由此也带来社会生产力的明显攀升和社会财富的大量集聚。然而，在传统社会的“层级式分化”结构中，社会中的大部分人处于底层，处于社会上层的一小部分人支配着社会的主要权力和财富。在功能泛化的条件下，这些处于社会等级上层的小群体，常常集社会权力和社会资源于一身，凭借自己的特权地位，在社会的各个领域畅行无阻。所以，在一元化价值信仰、血缘、亲缘社会关系主导和社会功能泛化的束缚下，传统社会的分工水平难以无限扩展和深化，达到一定程度后就会受到金字塔型社会结构的限制，不得不停滞下来，无法带来社会生产力和人均收入水平的不断提升。

在现代社会中，全社会分化为不同的次系统，它们基于与整体系统间的功能关连而彼此区分开来，例如区分为经济、政治、法律、科学、宗教、教育等领域。传统社会虽然也存在着上述领域，然而不同领域的界限模糊且常常被整合在一起，一个团体、组织或个人往往身兼社会的多种功能，呈现的是一种功能泛化的状态。而现代社会中各个领域之间有明确的界限和规则，社会不同领域的等级不能混淆。正是现代社会由功能分化而形成的各种自由进出、界限清晰、规则明确、独立自治的不同社会领域，破除了社会分工无限深化的樊篱，真正开启了波澜壮阔的现代经济增长和社会发展的局面。现代社会之所以能够形成功能分化式的社会结构、推动社会分工不断拓展，是与其价值观念的多元化、个人权利的正当化、社会关系的契约化和社会治理的法治化密不可分的。传统社会向现代社会的演进，就是一个由金字塔型层级式结构的社会，向着网络型功能式结构社会逐渐转变的过程。

需要指出的是，上述对于三类社会的概括和划分只是一种"理想型"的理论建构，现实历史过程中的社会演进远为复杂，也不可能呈现出如此泾渭分明的区别。此外，尽管在物质层面，不同社会类型的演进呈现出生产力水平不断提升的状态，由此具有一种"进步"的特征。然而在观念层面，很难对不同社会拥有的价值诉求加以简单判断，例如将原始社会或传统社会的理念斥之为"野蛮"或"愚昧"，而将现代人具有的看法理解为"科学"或"高明"，人类的心灵和信仰的演变，事实上远较物质层面的因素更为复杂。在这个意义上应拒绝社会进化论的观点，即在讨论由传统社会向现代社会的演进时，并不认为现代社会样样都好，在价值上是可欲而且是必须追求的。

西方社会是第一个由传统迈向现代的人类社会，

它是一系列复杂因素相互作用、机缘巧合的结果。正如麦克法兰将西方进入现代社会比喻成用一把钥匙去开一扇门，他强调："头等重要的是，开启现代性大门的钥匙必须丝丝入扣，这不仅是要把每一个零件都弄正确，而且是要把每一个零件和其余零件的关系摆正确；所以，宗教与政治的关系，家庭与经济的关系，等等，都必须恰到好处。这种契合得以首次出现的概率是几千分之一，甚至几百万分之一。"❶

为什么西方世界能率先进入现代社会？对这个问题的回答可以列出无数的答案。从社会分工和社会结构的视角来看，西方独特的政教关系有助于形成一个功能分化式的现代社会。天主教会制度在对西方传统社会的演进中扮演着重要角色，它首先引进法治和理性传统，形成了一个相对自治、制度严密的大一统组织，从而成为现代西方社会的母体。政教的相对分离也为西方现代法治传统的建立奠定了基础，就像伯尔曼所言：教皇革命（1075～1122年）所带来的"宗教管辖权和世俗管辖权的分离、并存和相互作用，是西

❶ 麦克法兰（2013）：《现代世界的诞生》，上海人民出版社，第7页。

方法律传统的一个主要渊源”[1]。

在推动社会分工的分化和整合方面，西方传统社会中权力的高度分散化和统一的宗教意识制约事实上并不利于分工的展开，但在文艺复兴、宗教改革、启蒙运动、科学革命乃至现代民族国家兴起等一系列因素的带动下，英国首先探索出了一条君主立宪、议会政治的道路，率先实现了向现代社会的转型。在英国的带动和影响下，西方各国逐渐都迈入了现代社会的行列，由此马上凭借着船坚炮利对世界其他文明下的国家和地区构成了巨大的冲击，为了应对冲击、救亡图存，各个传统国家不得不展开艰苦的现代化转型过程，但囿于传统价值观念转变困难等多种因素，绝大多数国家的转型之路并不成功。

回到中国来看，中国传统社会的终极价值关怀是由己及人、依靠自身力量去逐步构建人间的美好社会。儒家传统通过“家国同构、忠孝同构”的方式将基于血缘和家族的伦理规范从个人、家庭放大至国家。大一统国家的实际治理遵循的是“儒法互补”的

[1] 伯尔曼（2010）：《法律与革命——西方法律传统的形成》，法律出版社，第95页。

方式，依赖“读书人做官”的官僚体系。从社会结构和社会分工的角度来看，中国传统社会同样是金字塔型的层级式结构，但“士大夫政治”的推行使得整个社会具有更强的流动性，保证了王朝治理的弹性和稳定性。而且大一统的王朝在“整合”方面也有利于社会分工的开展和生产力水平的提高。然而传统帝国整体大而不强，陷于周期性的朝代循环中。在西方冲击下，中国依靠新意识形态、全能主义政治和超级行政体系完成了救亡图存、展开现代化初步建设等一系列任务。改革开放使得原有一元化体制日益碎片化，在充分调动个体积极性、使得社会爆发巨大活力和创造力的同时，也带来社会终极价值观念缺失，社会失范、腐败加剧等一系列问题。

采用本书第三章的分析框架，从观念、制度和器物三个层面来看中国社会在促进社会分工的深化、保持经济增长、并迈向高收入的过程中所需的进一步变化。

在**观念**层面，当前社会所面临的一个重要问题是一元化体制碎片化后社会共识和社会规范的缺失，其中最为重要就是终极价值观念的缺失。自人类文明进入轴心时代、产生各种终极价值关怀以来，无论是在漫长岁月的传统社会，还是在日新月异的现代社会，终极价值关怀始终为社会中绝大多数人的人生意义提供答案，规范着每个人的行为，是任何一个社会运行的基石。**中国目前在终极价值关怀层面所遇到的困境，从本质上来看，是中国文明传统遭受西方文明传统冲击后，还难以有效真正应对、吸收和融合西方文明的结果**。现在的暂时状态更多呈现出丢弃了自身传承数千年的文明传统、却又迟迟难以转变为他人传统的尴尬。在中国历经磨难、千转百回以应对西方挑战的历史进程中，目前可以站在一个更高的高度、更新的起点，更为理性、包容、谨慎、全面地分析中西文明的差异，以真正将中国自身的传统文明和西方文明（包括西方主流的资本主义文明传统和对此加以批判的马克思主义等传统）融合起来。具体而言，中国目前存在着三种主要的思想文化资源，一种是自身的几千年传统文化、一种是受西方冲击后引进的社会主义思潮、一种是改革开放以后兴起的现代资本主义传统。中国未来文明演进的任务是要发挥出中国文化善于融通的特点，将这三者较好地融合起来。**在终极价**

值观念层面，中国人还是要回到几千年的文明传统中去寻求安身立命的真正之本。正如钱穆所言，“家庭是中国人的教堂”，当前需要重新构建由己推人、依靠自身努力去构建人间美好社会的传统。当然这个回去也并非简单地重复过去，而是要汲取西方传统中的营养，将其对个人权利和观念的尊重、对公共和私人领域的明确区分、和对民主法治的重视纳入到中国传统价值关怀的框架内[1]。在现代社会管理和运行方面，需要更多学习和借鉴西方的成功做法和经验；而在具体的政策指向上，则需要引入更注重公平和平等的社会主义思想资源。

在**制度**层面，中国则需要改变其全能主义政治模式，调整从中央一直到地方的超级官僚体系。正如邹谠所言，全能主义政治是中国为了应对西方冲击下的全面社会危机而产生的一个结果，然而随着时局的变化，全能主义政治也需要做出调整。现代社会分工的产生必须要有一个功能分化、界限清晰、规则明确的不同社会领域划分，而在全能主义政治下，根本难

[1] 参见陈乔见（2016）：“王道与民主：评陆台新儒家之争”，《探索与争鸣》，第3期。

以产生上述的功能式分化社会，也无法保障现代社会分工的不断展开。中国一元化体制的碎片化导致了社会不同主体之间利益的分化，但如何再整合和规范不同主体之间的关系，已经很难再依靠全能主义政治传统下的政治权威，必须转向更为明确、规范和公正的法治传统。同样，改革开放打破了中央政府指导一切的计划经济，赋予了地方更多的自主权。然而如何进一步明确规范中央与地方、以及地方与地方之间的关系，也是需要面对的重大问题。当前中央地方关系不顺，在经济层面导致了重复建设、产能过剩、环境破坏等一系列问题，原有的从中央一直管到乡村的超级官僚体系，同样已经难以适应环境的变化，需要做出调整。

在**器物**层面，中国文明传统中具有高度入世、实用主义的世俗理性精神，它在赋予中国文化很强包容性和灵活性的同时，也对真正的求知和科学精神缺乏应有的关注。因此，如何真正学习借鉴西方的理性主义传统，树立基于中国传统文化之上、自足自主的求知求真传统，也是中国推动科学技术发展所必须解决的问题。

从社会分工的角度来看，中国要在已有的基础上不断提高，并迈入高收入社会，在**分**的方面需要进一步明确个人的权利和自由，尤其是要确保“一切权力归于人民”，实现对政治权力的有效约束；同时要推动界限清晰、规则明确的不同社会领域的功能分化；在**合**的方面则需要重塑社会共识、重建社会规范，使得法治（契约）成为支配社会运行、调节社会主体关系的真正基石。

概而言之，中国要迈向高收入国家，需要从目前碎片化的金字塔型社会进一步转变为网络型社会，推动社会结构和功能的调整、社会主体间关系的重塑和规范，实现社会运行由“关系型支配”向“契约型支配”的转换，真正建立一个不同领域界限清晰、功能分化、权责对等的多元化社会。

至此，本书采取社会分工和结构的视角（斯密—涂尔干典范），利用系统演化的分析框架对于中国迈向高收入这样一个宏伟的命题，做了一番微不足道的探索。目前的研究更多只是给出了一个视角，提出了相应的简单分析框架和初步判断，因此是一个导论。研究的结论和分析还非常粗疏，仍有许多重大的问题有待进一步展开探讨。然而正如顾准所言“历史的探索，对于立志为人类服务的人来说，从来都是服务于改革当前现实和规划未来方向的”[1]。笔者将会对“中国迈向高收入和现代化转型”这一宏伟命题继续展开研究。

[1] 顾准：《顾准文集》，贵州人民出版社1994年版，第229页。

参考文献

Acemoglu, Daron, Robinson, James(2012). Why Nations Fail: The Origins of Power, Prosperity, and Poverty, New York: Crown Publishers

Arrow, K. J. (1969). The Organization of Economic Activity: Issues Pertinent to the Choice of Market versus Non-Market Allocation, In The Analysis and Evaluation of Public Expenditure

Elvin, Mark (1973). The Pattern of the Chinese Past: A social and Economic Interpretation, Stanford, CA: Stanford University Press

Fatás, A., Mihov, I., (2009). The 4 I's of Economic Growth, Working Paper, INSEAD

G. Kneer, A. Nassehi (1998), 鲁贵显译. 卢曼社会系统理论导引. 台湾巨流图书公司

Gill, I., and Kharas, H., 2007. An East Asian Renaissance: Ideas for Economic Growth, World Bank Publications

Hayami, Yujiro and Godo, Yoshihisa (2005). Development

Economics: From the poverty to the wealth of nations, Third Edition, Oxford UniversityPress

Lieberthal, K. and Oksenberg, M. (1988). Policy Making in China: Leaders, Structures, and Processes, Princeton University Press

Lieberthal, K. and Lampton, D. M., eds. (1992). Bureaucracy, Politics, and Decision Making in Post-Mao China, Berkeley: University of California Press

Maddison (2010). Historical Statistics of the World Economy: 1-2008 AD

Mertha, A. (2009) . Fragmented Authoritarianism 2. 0: Political Pluralization in the Chinese Policy Process, The China Quarterly, 200:995-1012

North, Douglass., Barry R. Weingast, and John Wallis. (2009). Violence and Social Orders: A Conceptual Framework for Interpreting Recorded Human History, New York: Cambridge University Press

North, Douglass, (1990). Institutions, institutional change and economic performance, Cambridge University Press

Young, Allyn A. (1928). Increasing returns and economic progress, Economic Journal, 38:527-542

阿伦特（Hannah Arendt）（1995）. 极权主义的起源. 时报出版公司

艾森斯塔德（S. N. Eisenstadt）（2005）. 轴心时代的突破：轴心时代的特征和起源. 社会理论的诸理论，苏国勋、刘小枫主编. 上海：三联书店

伯尔曼（Harold Berman）（1993）. 法律与革命：西方法律传统的形成. 北京：中国大百科全书出版社

波兰尼（Karl Polanyi）（2007）. 大转型：我们时代的政治与经济起源. 杭州：浙江人民出版社

马克・布洛赫（2004）. 封建社会. 北京：商务印书馆

陈乔见（2016）. 王道与民主：评陆台新儒家之争. 探索与争鸣，第3期

道金斯（Richard Dawkins）（1981）. 自私的基因. 北京：科学出版社

费孝通（2005）. 乡土中国. 北京：北京出版社

福山（Francis Fukuyama）（2012）. 政治秩序的起源：从前人类时代到法国大革命. 桂林：广西师范大学出版社

弗鲁博顿（E. G. Furubuton）、芮切特（R. Richter）著，姜建强等译（2006）. 新制度经济学: 一个交易费用分析范式. 上海：三联书店

甘布尔（Andrew Gamble）（2005）. 自由的铁笼：哈耶克传. 南京：江苏人民出版社

顾准（1994）. 顾准文集. 贵阳：贵州人民出版社

哈耶克（F. A. Hayek）（2001）. 法律、立法和自由. 北京：中国大百科全书出版社

赫尔普曼（Elhanan Helpman）（2007）. 经济增长的秘密. 北京：中国人民大学出版社

何怀宏（2011）. 选举社会：秦汉至晚清社会形态研究. 北京：北京大学出版社

胡锦涛（2007）. 在中国共产党第十七次全国代表大会上的报告，2007-10-15

黄仁宇（2006）. 万历十五年. 北京：中华书局

江泽民（2006）. 江泽民文选. 北京：人民出版社

金观涛（2010）. 探索现代社会的起源. 北京：社会科学文献出版社

金观涛，刘青峰（2011）. 兴盛与危机：论中国社会超稳定结构. 北京：法律出版社

金观涛，刘青峰（2011）. 中国现代思想的起源：超稳定结构与中国政治文化的演变，第一卷. 北京：法律出版社

金耀基（1999）. 从传统到现代化. 北京：中国人民大学出版社

江泽民（1995）. 正确处理社会主义现代化建设中的若干重大关系，党十四届五中全会闭幕时讲话，1995-09-28

古留加（1981）. 康德传. 北京：商务印书馆

柯武刚（Wolfgang Kasper），史漫飞（Manfred E. Streit）（2000）. 制度经济学：社会秩序与公共政策. 北京：商务印书馆

库兹涅茨（Simon Kuznets）（1966）. 现代经济增长：速

度、结构与扩展. 北京：北京经济学院出版社，1989

李猛（2010）. 理性化及其传统：对韦伯的中国观察. 社会学研究,5:1-30

李鹏（1996）. 关于国民经济和社会发展“九五”计划和2010年远景目标纲要的报告，第八届全国人大第四次会议，1996-03-05

李泽厚（2005）. 实用理性与乐感文化. 北京：三联书店

李泽厚（2015）. 由巫到礼・释礼归仁. 北京：三联书店

刘涛（2007）. 中国崛起策. 北京：新华出版社

刘世锦等（2011）. 陷阱还是高墙：中国经济面临的真实挑战和战略选择. 北京：中信出版社

刘世锦等（2014）. 我国未来生产率提升潜力与经济增长前景，国务院发展研究中心调查研究报告，第173号（总第4670号）

罗荣渠（2004）. 现代化新论:世界与中国的现代化进程. 北京：商务印书馆

马克思，恩格斯（1995）.马克思恩格斯选集. 北京：人民出版社

马歇尔（Alfred Marshall）（1981）. 经济学原理. 北京：商务印书馆

麦迪逊（Angus Maddison）（2003）. 世界经济千年史. 北京：北京大学出版社

麦克法兰（Alan Macfarlane）（2013）. 现代世界的诞生.

上海：上海人民出版社

麦克莱伦（David McLellan）（2005）. 马克思传. 北京：中国人民大学出版社

诺斯（Douglass North）等（2009）. 西方世界的兴起. 北京：华夏出版社

钱穆（2010）. 中国思想史六讲. 北京：九州出版社

钱穆（2011）. 中国历代政治得失. 上海：三联书店

安德森（2006）. 走出神话：中国不会改变世界的七个理由. 北京：中信出版社

秦晓（2009）. 当代中国问题：现代化还是现代性. 北京：社会科学文献出版社

青木昌彦（2001）著，周黎安译. 比较制度分析. 上海：上海远东出版社

青木昌彦，吴敬琏编（2008）. 从威权到民主：可持续发展的政治经济学. 北京：中信出版社

琼斯（Charles Jones）（2002）. 经济增长导论. 北京：北京大学出版社

彭慕兰（Kenneth Pomeranz）（2003）. 大分流：欧洲、中国及现代世界经济的发展. 南京：江苏人民出版社

盛洪（1992）. 分工与交易. 上海：三联书店

速水佑次郎（Yujiro Hayami）（2003）. 发展经济学：从贫困到富裕. 北京：社会科学文献出版社

斯密（Adam Smith）著，郭大力、王亚南译（1776）. 国

民财富的性质和原因的研究. 北京：商务印书馆

斯宾塞，林重庚编著（2011）. 中国经济中长期发展和转型：国际视角的思考和建议. 北京：中信出版社

孙广振（2015）. 劳动分工经济学说史. 上海：格致出版社

唐文明（2012）. 隐秘的颠覆：牟宗三、康德与原始儒家. 上海：三联书店

唐文明（2016）. 迎接儒学复兴的新阶段. 天涯，第1期

涂尔干（Emile Durkheim）（2000）. 社会分工论. 上海：三联书店

托克维尔（1835）. 论美国的民主. 北京：商务印书馆，1997

托克维尔（1856）. 旧制度与大革命. 北京：商务印书馆，2010

王亚南（1981）《中国官僚政治研究》，北京：中国社会科学出版社

韦伯（Max Weber）（2010）. 韦伯作品集. 桂林：广西师范大学出版社

威廉姆森（Oliver E. Williamson）著，段毅才、王伟译（2003）. 资本主义经济制度. 北京：商务印书馆

吴敬琏（2010）. 当代中国经济改革教程. 上海：上海远东出版社

宣晓伟（2013）. 按现代化转型的要求推进国有企业改革. 比较，第3期（总第66期）：145-156

雅赛（Jaysay, A. D.）（1997）. 重申自由主义. 北京：中国社会科学出版社

雅斯贝斯（Karl Jaspers）（1989）. 历史的起源和目标. 北京：华夏出版社

杨小凯（1998）. 经济学原理. 北京：中国社会科学出版社

杨小凯，张永生（2003）. 新兴古典经济学与超边际分析. 北京：社会科学文献出版社

张灏（2006）. 幽暗意识与民主传统. 北京：新星出版社

张军扩，侯永志（2009）. 着力解决深层矛盾、推动发展方式实质性转变，国务院发展研究2009年中心重大课题“新形势下我国经济发展方式转变的战略重点”主报告

张维为（2011）. 中国震撼:一个“文明型国家”的崛起. 上海：上海人民出版社

张五常，易宪容等译（2001）. 经济解释：张五常经济论文选. 北京：商务印书馆

朱云汉等（2012）. 台湾民主转型的经验和启示. 北京：社会科学文献出版社

邹谠（1994）. 二十世纪中国政治. 牛津：牛津大学出版社

资中筠（2011）. 启蒙与中国社会转型. 北京：社会科学文献出版社

后记
AFTERWORD

外婆离开我们已有七个年头了。按虚岁算，外婆今年已经一百岁了。母亲说，根据我们那里的风俗，人去了到一百岁以后，就不用一年几次去上坟了，因为她要再去往另一个世界，不需要我们老是去看她、打扰她了。

我的祖辈中爷爷奶奶和外公都去世得早，关系最亲密的，只有外婆一人。在我成长的印象中，外婆家就是天堂，假期到外婆家小住几天，是最无拘无束、自由快活的日子。老家夏天酷暑，蚊帐内尤其闷热，晚上睡觉外婆总给我打扇子，有时我一觉醒来，扇子还在轻轻地晃动。对我外出玩耍，外婆很少约束，回来晚了，也很少叱责，有时还会给我些父母从来不给的零用钱。所以一到假期，我就会期盼着到外婆家过那乐不思蜀的日子。

外婆是当地最有名中学的一名教师，我有时陪她外出会在半路碰到她曾教过的学生，多是远远地过来、恭恭敬敬地叫一声："毛老师。"但外婆对我说教极少，也从不提她以前教学的境况。在外婆的最后几年，她腿脚不便，每天只好坐在椅子上，我回到老家的大部分时间都是陪她坐着聊天，谈天说地、聊东聊西，但外婆很少会说起她以前的事情，更不会提及外公。外公在她的世界里，似乎从来就没有存在过。有一次我翻到几张应该是外婆和外公的合影照，然而外公的那一半却都被小心地剪去了。我到现在也不知道外公长什么样，有时母亲会说，她的脑袋大、方头方脑，就是外公的样子。但外公去世时母亲只有十岁，她也许对自己的父亲，也只有模糊的印象了。

外婆的过去都是点点滴滴从不同人的口中得知的，她似乎出生于浙江江山一带的望族，父亲是北大法学院的毕业生，当过国民政府时期的县长，故与大多数同龄人相比，外婆的童年和青年时期无疑是更幸运的。她曾就读于厦门大学，毕业后便回到家乡的中学谋得一份教职，外公则是外婆的大学同班同学，毕业了也与外婆在同一所中学教书。外公是安徽绩溪人，据说外公的家人对他最后选择留在外婆这边很不满意，可以想见当时外婆外公为了能在一起，也一定克服了不少的阻碍。

外婆外公养育了四个子女，那时他们的日子想必虽然艰辛，却也不乏温馨。母亲曾提及，外公为人豪爽、爱运动、喜交友，常邀请朋友、学生到家里来聚会，周末家里常常是一大堆人。然而在1957年，也就是在外婆四十岁那年，她的生活发生了巨大的转折。外公先是失去了工作、接着被扣押，最后据说是自杀了，外婆自此带着四个未成年的孩子，独自走完了以后五十多年的岁月。现在我们已经很难弄清当年到底发生了什么，使得外婆毅然决然地要把外公在现实生活中的痕迹一一清除，即使是几张照片也不放过。

随着孩子们渐次长大，外婆也逐渐老去，我懂事时外婆已退休多年，已是一个在家种花弄草、注重养生常识的标准退休老太太，只还保留着喜欢读书看报那种知识分子的习惯。但曾经的巨创留下的伤痛不会真正消失，最脆弱的伤口需要层层的厚痂来保护，外婆也要把自己保护起来，所以她绝口不提曾经的往事。我们有时候也很难理解，为什么外婆要对外公、自己生活中最亲密的人采取那样一种决绝的态度。外婆离去了，带走了曾经的往事，也带走了对外公的感情，只留下我们感叹外婆坎坷起伏的人生。

在读费正清等人所写的《中国剑桥史》时，我曾经慨叹中国在现代化进程中的命运多舛，外婆的一生就像是这时代巨潮微不足道的注脚，她出生的1917年，大清帝国瓦解不久，接下来便经历了军阀混战、五四运动、抗日战争、国内战争，接着是新中国成立、各种运动，一直到改革开放，外婆短短的一辈子也随着时代的巨变而翻滚波动，经历着人生的起起伏伏、悲欢离合。

现在来看，我们父母这一代人的生活条件明显好于外婆那一辈，而我们这一代人的生活条件又远远好于父母这一辈。正如本书中所言，经过最近几十年经济的快速发展，“中国人在几千年历史上，从未有这么多人能在这么短的时间内，其生活物质水平获得这么快的提高，也从未有这么多人能够同时过上丰衣足食的小康生活”。然而我们的下一辈、下下辈呢，是否能够避免曾经的折腾和坎坷，还会幸运地过上越来越好的生活呢？我不能确定。

鲁迅先生曾在《故乡》的结尾写道，他不愿后辈们“像他那样辛苦辗转而生活，也不愿意他们都如闰土的辛苦麻木而生活，也不愿意都如别人的辛苦恣睢而生活。他们应该有新的生活，为我们所未生活过的”。我很喜欢这段话，也希望我的后辈们能过上“为我们所未生活过的新的生活”，但我又能为此做些什么呢？孔子说：“四十、五十而无闻焉，斯亦不足畏也已”，我已经过了不惑的年龄，却仍是无闻的状态，我早就明白自己并非振臂一呼、应者云集之人，“治国平天下”也似乎难以成为自己的人生志向。一个当代的研究者，也许更需要做的是沉下心来，去探究这纷繁复杂事物背后的规律。中国现代化转型的命题是如此宏大，个人所做的努力必然微不足道，但就像居里夫人所言：“即使在人类知识宝库里投进一粒沙子也是伟大的”，我想在自己有限的生命中尽量投些沙子，以有助于后辈们能避免外婆那一代人的坎坷，过上“新的生活”，这应该也是外婆在天之灵的夙愿吧。

宣晓伟

于投沙斋

2016年4月26日